江村信一先生

心からの感謝と

いっぱいの愛をこめて♡

和真音

評価が9割アップする

第一印象のルール

ほめられ続ける人が実践している
色とカタチの法則

心理カウンセラー
イメージ・カラーコンサルタント
和 真音 *Sion Kazu*

ビジネス社

12分類法でわかるあなたに似合う色

この色相環は、本書で説明する12分類法に基づき、「あなたに似合う色」がイメージしやすいように、なかでも特徴的な12色を取りだしたサンプルです。巻末の「マジックカラー診断」(P164～167)で、あなたに似合う色の「マジックカラーグループ」を判定し、この色相環で紹介する色味を、普段身につける洋服や小物、メイクなどの参考にしてみてください。

スプリング
Spring

ウォーム・スプリング
Warm Spring

ブライト・スプリング
Bright Spring

ビビッド・スプリング
Vivid Spring

オータム
Autumn

ソフト・オータム
Soft Autumn

ウォーム・オータム
Warm Autumn

ダーク・オータム
Dark Autumn

サマー
Summer

クール・サマー
Cool Summer

ブライト・サマー
Bright Summer

ソフト・サマー
Soft Summer

ウィンター
Winter

クール・ウィンター
Cool Winter

ビビッド・ウィンター
Vivid Winter

ダーク・ウィンター
Dark Winter

色彩心理で読み解くあなた 01

「色」と「心の状態」には密接な関係があります。あなたが何気なく選んだ色から、あなたの深層心理を読み取ることができます。まずは01と02の心理テストで、“色と心の関係”に気づいてください。

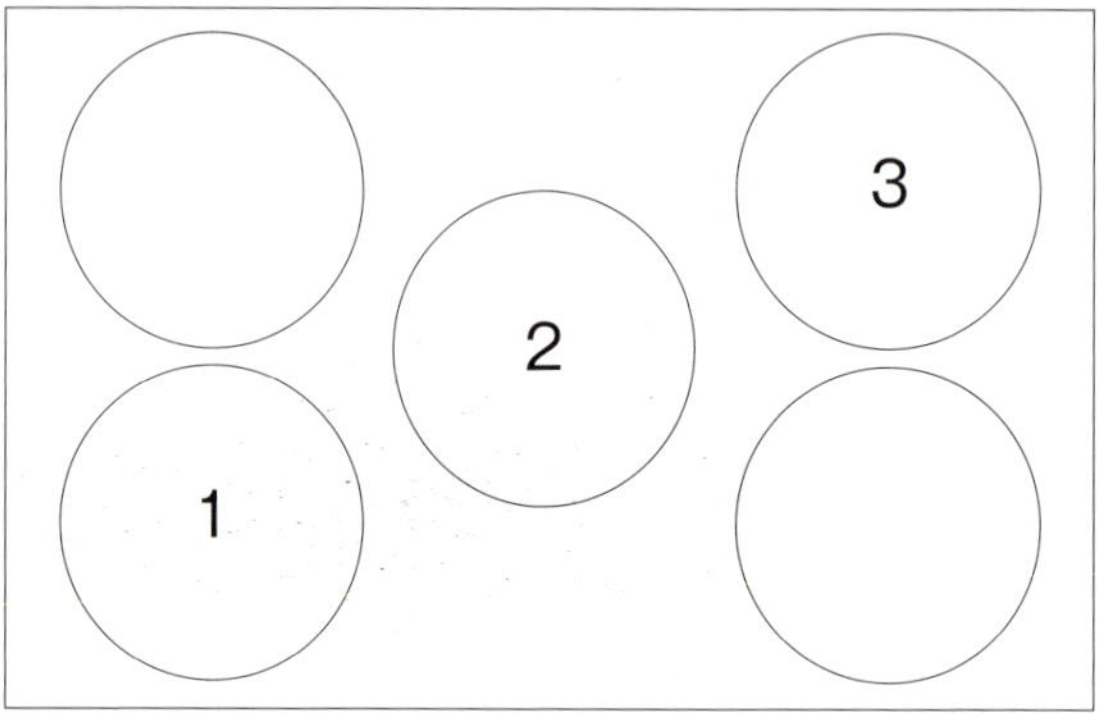

画用紙の中に5つの円が描いてあります。1と2と3にだけ色を塗るとします。あなたは次の中からどの色を選びますか？

赤　オレンジ　黄　緑　水色　青　紫

1に塗る色(　　　)　2に塗る色(　　　)　3に塗る色(　　　)

〈心理テストの解説〉

選んだ色に対応する言葉を次の文章に当てはめてください。

選んだ色	赤	オレンジ	黄	緑	水色	青	紫
対応する言葉	家族	パートナー	お金	友人・同僚	上司・先生	自分の性格	人生の目標

今のあなたは、(②に選んだ色）のことで悩んでいます。
その悩みは、(①に選んだ色）の問題が根底にあります。
感謝して、(③に選んだ色）を大切にすると、解決に向かうでしょう。

色彩心理で読み解くあなた 02

■赤 □オレンジ □黄 ■緑 ■青 ■紫 ■ピンク □白 ■グレー ■黒 ■茶 □ベージュの中から質問に合う色を一つ思い浮かべてください。

①好きな色は　②嫌いな色は　③どちらでもない色は

〈心理テストの解説〉

下の表から、自分の選んだ色の深層心理を～の中に入れて、文章を完成させてください。

①好きな色　➡願望を表す「私は～（①に選んだ色）になりたい」

②嫌いな色　➡過去を表す「私は～（②に選んだ色）でした」

③どちらでもない色　➡現在を反映している

「今の私は～（③で選んだ色）です」

色	深層心理
赤	情熱的、積極的、外交的、闘争心あり、興奮しやすい、短気
オレンジ	明るく元気、行動的、社交的、やや自己中心的
黄	陽気、好奇心旺盛、楽天的、寂しがりや、虚言癖あり
緑	穏やかで争いごとは好まない、協調性や柔軟性あり
青	何事にも冷静、誠実で約束を守る、自制心有り、知性派、慎重
紫	ナルシストでちょっと見栄っ張り、感性が鋭い、秘密主義、審美眼あり
ピンク	甘えん坊、優しい、家庭的、愛情豊か、博愛主義
白	純粋、潔癖性、以外に理想が高く完璧主義
グレー	消極的で妥協しやすい、曖昧、受け身、ちょっとネクラ
黒	頑固、理想主義、保守的、ストイック、秘密主義
茶	堅実派、安定を求める、忍耐力は抜群、こつこつ努力家
ベージュ	穏やかで朗らか、優しい、良心的、家庭的、優柔不断

覚えておくと便利！

「誰にでも似合う究極の色」（本文P92）

ミントグリーン	エメラルドグリーン
グレイッシュベージュ	グレイッシュブラウン

心理テスト（本文P104）

あなたは色に惹かれるタイプ？　それともカタチに惹かれるタイプ？

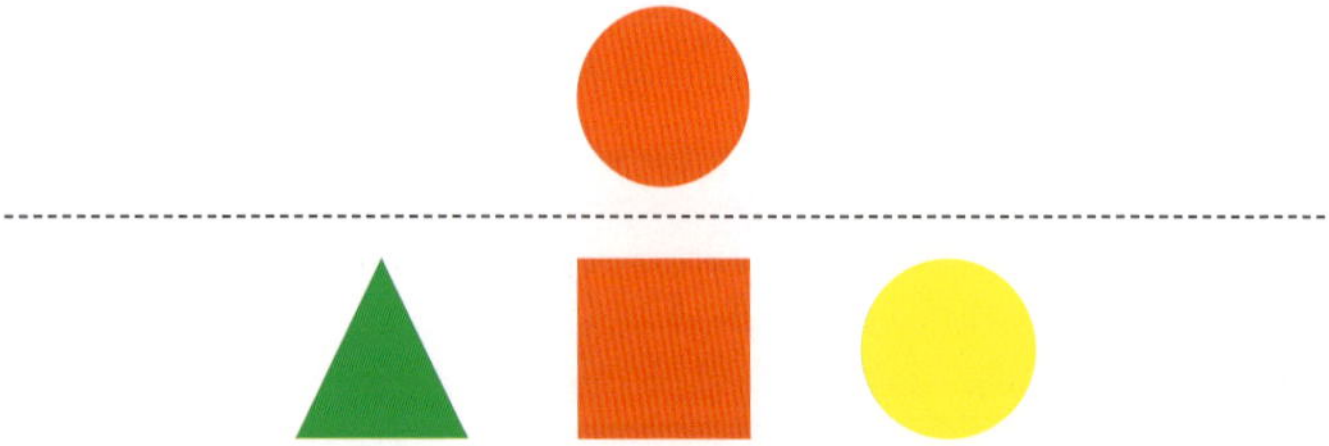

上段の赤い丸と同じだと思うものを下段の３つの中から選んでください。とても変な質問ですよね。上段の赤い丸とまったく同じものは下段にはないのですから。でも、どうしても無理やりに1つ選ぶとしたら、あなたの選択はどれになるでしょうか？

心理テストの解説

緑の三角を選んだ人——おそらくいないと思います。色も形もまったく違いますから。

赤い四角を選んだ人——“色”という共通項を大切にした「色に惹かれるタイプの方」です。

黄色い丸を選んだ人——“カタチ”という共通項を優先した「カタチに惹かれるタイプの方」です。

プロローグ
なぜ〝見た目〟が「魂力《たましいりょく》」を引き出し、その人の人生を変えるのか？
「もう一度会いたい」と思わせる色のアプローチ

あなたは自分に本当に似合う色を知っていますか？

そして、その色が「もう一度会いたい」と思わせるかどうかを決めてしまうとしたら、あなたはどうしますか？

大脳生理学では、**「第一印象はたった7秒で決まってしまう」**といわれています。仮に、第一印象の記憶を１００％として表したとき、視覚から取り入れる記憶は87％（残りは聴覚や嗅覚から）だそうです。ということは、私たちは外面的な要因から**9割**近い情報を得ていることになります。

また、アメリカの女性心理学者ダイオンは、**人は、外見が魅力的な人を精神的にも魅力的で好ましいと無意識に思ってしまう**ことを調査によって明らかにしています。

外見上の印象は、その後の人間関係にも大きな影響を与えます。人と会うときに好印象を与え、「もっと話をしたい」「もう一度会いたい」と思わせるには、じつは種も仕掛けも大いに必要です。

視覚の中で、一番最初に目に飛び込んでくるのが**「色」**。

特にファッションやメイクなど、**普段身につける色は、肌色の見え方、顔立ちや瞳の印象をも大きく左右し、「色」の選び方一つでその人の印象を決めてしまう**くらい大切な要素なのです。

「たかが色じゃないか」「色にそんな力があるの…？」

あなたはそう思うかもしれません。

実際、私が主催する**「マジックビューティーセミナー」**に参加された方々からは、次のようなうれしい変化の報告が続々と寄せられています。

- 「最近きれいになったね」「何かいいことあった？」と、人にほめられる回数が増えた
- 自分の第一印象に自信が持てるようになった
- 周囲からの評価が高くなり、異性にモテるようになった
- 相手に信頼感を与えることができるようになった（見た目がいいとツキも上がる！）
- 人間関係がスムーズになり、商談がまとまりやすくなった

- **買い物で迷うことがなくなり、時間とお金を大幅に節約できるようになった**
- **自分らしい生き方ができるようになった**
- **社内評価がよくなり、出世できた**

この報告をどう思いますか？

本当の色のパワーとメッセージの使い方をマスターすれば、それが無言のメッセージとなり、相手の潜在意識に伝わって周囲の人の対応が勝手に、あなたの望んでいるものへと変わっていきます。つまり、**もう一度会いたいと思わせる仕掛けができてしまうの**です。最初の時点では、**あなたの性格や人間性はちっとも関係ありません**（笑）。まず、あなたのまわりの反応や対応が変わることで、あなた自身のまわりに対するコミュニケーションの仕方や〝心持ち〟もいつの間にか、ポジティブで幸せなものに変わっていくのです。

自分のことは自分自身が一番見えていない

少し専門的な話をすると、色にはそれぞれ固有のプラスイメージとマイナスイメージがあります。これは後で詳しく書きますが、シーンに合わせたプラスイメージを上手に使いこなしつつ、**「自分に似合う色を身につける＝外見的魅力を上げる」**ことによって、相手にとっての「善人」になれる〝心理的効果〟が得られます。反対に言えば、自分に似合う色を知らないがために、その人のパーソナリティーがどんなに素晴らしいものであったとしても、知らず知らずに損をしている人が山ほどいるということです。

「こんなに頑張っているのに、なんでうまくいかないんだろう…」

あなたがそう思うとき、もしかしたら、原因の一つに「色」があるかもしれません。

「外見力」というと、〝うわべだけ〟というイメージがあるかもしれませんが、先ほど述べたように、**まずは「第一印象」からすべては始まります。**そして、大人であれば、**第一印象は「自分の責任」**なのです。

また、**「自分のことは自分自身が一番見えていない」**と言われるように、あなたが〝自分はこうだ〟と思い込んでいるイメージと、まわりがあなたを見ているイメージが一致していないことも、色選びを間違ってしまう原因の一つ。このイメージのズレから、自分と世間のギャップを感じて自信をなくしてしまっている人も多いというのが私の実感です。

本当に似合う色を身につけた人は、**元気いっぱい、輝く笑顔がとても素敵**です。そして、外見力が高まると、**実は内面的な美しさ（魂力）と、さらには健康も手に入ります。**

まず、洋服の色の持っているエネルギーとあなたの持っているエネルギーが共鳴することによって、**5～10歳は若返って見えます。髪の毛がつややかになり、瞳が輝き、シミ・シワ・目の下のクマが目立たなくなります。また、顔の血色がよくなり、透明感が出てきます。**

イキイキと幸せそうにしているあなたに対して、周囲の見方も変わり、引き寄せるものも変わってきます。つまり、自分のよさに気づき、効果的に自分を表現するだけで、**「世界が変わる＝すべてがうまくいくようになる」**のです。しかも、身につける色を変えることに時間もお金もかかりません。頭であれこれ考えたり、悩んだりする必要すらないのです。自分に似合う色を知る、ほんの少しの知恵を身につければ、人生が好転するのです。

運やツキを自分のものにする〝テクニック〟

この本では、色彩心理学の理論に基づいて、その人の髪・目・肌の色から、その人に似合う色合いを判断する「マジックカラー」についても紹介しますが、**マジックカラーは、ほぼ9割以上の方が生涯変わることはありません。**ですから、自分に似合う色を一度知ることで、いつでも自分を魅力的に見せることができるようになります。

似合う「色」がわかったら、その次に、一番似合うあなただけの「**カタチ（スタイル）**」を知ってください。〝**見た目**〟**の印象には、カタチも非常に重要で、色とは切っても切れない関係**です。第4章では、体形の特徴からもっともあなたらしいスタイルを分析し、マジックカラーとマジックスタイルの両方を駆使した演出方法についてご紹介します。色を味方につけるのと同時に、カタチも味方につけると、さらに自由に、あなたらしく輝ける存在になれます。

この本を最後まで読み終えて、「**色**」と「**カタチ**」**の正しい使い方**を身につければ、思わぬところから**幸運を引き寄せる「実力」がついてきます。**「幸運なのに実力？」と不思議に思うかもしれませんが、運がいい人ほどツキがツキを呼び、**ツキのサイクルが循環して、意識しないうちに本物の実力が備わっていく**のです。その運やツキというものもやはり〝**テクニック**〟**という裏打ちがあってのこと**なので、その部分を本書では詳しく紹介できればと思います。

さらには、自分に不都合なことが起こったとき、チャンスをものにしたいときに、どんな色を選べばうまくいくのか、あるいは、より円滑な人間関係を築くための上手なコミュニケーション術など、具体的なシチュエーションですぐに使えるテクニックもできるだけ盛り込みました。

運も実力も幸せも健康も手に入れる近道は、まず「**自分がつくりたいイメージ**」と「**人が受け取るイメージ**」を合致させること。この本の内容が、読者のみなさんにとって、人生をプラスに変えるきっかけになることを願っています。

心理カウンセラー・イメージ&カラーコンサルタント
和《かず》 真音《しおん》

“色とカタチ”を一生の宝物にするための「この本の読み方」

この本で伝えたいこと、そして目指すゴールは、「色とカタチの法則」を知っていただき、よりハッピーで豊かな人生を送っていただくことです。そのための近道は、自己判断（主観による潜在的な思いこみ）と他者判断（客観視）を一致させることです。そのためのプログラムが本文と各チェックシートとして、構成されています。

プロセスの中では、色に関する知識のスタディも出てきますが、そのベースは、アメリカのカラー理論に基づいているので、はじめての読む方には、聞きなれない単語が出てくるかもしれません。まずは、一度に全部覚えようとか、吸収しようと気負わずに、気楽に、そしてリラックスして全体を読んでいただくのがよいでしょう。

次に、以下の4つのステップを意識してみてください。

色の「好き・嫌い」と「似合う色」は違う（主観による潜在的な思いこみ）→P38～42
色の客観視テスト→12分類のどれかがわかる（客観判断）→P164～167
カタチの潜在心理テスト（主観による潜在的な思いこみ）→5分類のどれかがわかる→P107
カタチの客観視テスト→8分類のどれかがわかる（客観判断）→P113～116

この4ステップで重要なのは、主観と客観のズレや自分の心のクセを発見できることです。

●主観と客観が一致している人は、このまま自分に似合うカラーを自覚的に実践することで、まわりからのハッピーな変化を楽しんでください。

●主観と客観が一致していない人は、まずは客観テストの結果を優先してみてください。まわりからの反応の変化で、なにか新しい発見があるはずです。それでも結果に納得できないという人は、自分の中で、どこに抵抗があるのかを感じてみましょう。

なぜ、客観視を優先させることが、人生の好循環のサイクルとなるのでしょうか？

それは、自身の外見を変えることで、周囲の評価が変わり、その変化とともに、自分の心の状態も変わっていくからです。さまざまな心の抵抗や葛藤に気づき、あなたの心の習慣（クセ）や思い込みを手放したときに、魂力と内面力との相乗効果で、外見力がますます光り輝いていくのです。

もくじ

第3章 〝色〟を武器として積極的に使う方法

第4章　外見力が10倍アップする！　カタチの法則

終章　幸せになるための循環サイクル

第１章

色で人生を変えた
3人の
サクセス・ストーリー

“似合う色”で心も体も変化する

色で「見た目」の変化を遂げた人たちは、心のありようも変化していきます。絡まった糸も、きっかけを見つけることで、簡単にほぐれていくことがあるように、**「誰が見ても輝いて見える色」**を手に入れたことで勢いがつき、美しさへの興味もさることながら、悩みがどんどん解消されていくのです。

私の主催する**「マジックビューティーセミナー」**に参加された方からは、「自分に自信がなくていつも迷ってばかり。**ほかの人がうらやましくて仕方なかった私が、自分の中にキレイを発見できて、とても幸せな気持ちになりました**」とか、**「これまで持っていた執着が、今は捨てられるような気がします」**など、さまざまな感想が寄せられてきます。

中には、「何にでも似合うと思ってたくさん持っていた黒が似合わないと言われてショック…。でも、それがわかってよかった。パジャマも黒を着ていましたが、今日、これから新しいパジャマを買いに行きます！」とおっしゃる方もいました。

Aさんの場合もそうでした。セミナーにいらっしゃったときは、とっても暗い顔色で、疲れた印象しかありませんでした。ご主人との離婚も考えていたそうですが、「そんな自分を変えたくて、セミナーに参加した」ところ、終了するときにはすっかり美しいマダムに大変身！　私のセミナーは、カラー・スタイル・メイクのカウンセリングをトータル3日間で行うのですが、3日目には、「主人の言っている言葉が、全部感謝にしか聞こえません！」というほどの変わりようでした（笑）。

また、2日目には、「今後、タンスのこやしになりそうな服（似合わない色合いの服）」を持参していただき、似合う人に差し上げることでエネルギー交換することを恒例にしているのですが、似合う色が見つかって気持ちがすっきりし、ワードローブの整理整頓ができるせいか、一人で何箱もの段ボールで洋服を持ってくる方もいらっしゃいます。

人間は不思議なもので、自分の心をコーヒーカップにたとえると、器の大きさはいろいろあったとしても、そのカップがいっぱいになってあふれた途端、まわりに目が向きはじめるのです。つまり、カップの大きさは幸せのバロメーターで、**自分の心が十分に満たされていない間は、自分に都合が悪いことを人のせいにしたり、イライラして人を傷つけ、結果として自分を傷つけたりしていたのが、心が満たされると見方がガラッと変わる**のです。それで、「あの出来事は自分にとって必要なことだった」とか、「あの人の言葉を思い違いしていた」とか、すべてをプラスに考えられるようになると、引き受けているものの価値がわかり、引き寄せるものが変わるのです。

美しくきれいになること、色で輝くことが、あなたのカップをいっぱいにするきっかけになれば、こんなに幸せなことはありません。

第1章では、実際に、似合う色によってカップをいっぱいにし、幸せを手に入れた3名の方たちの体験エピソードをご紹介します。

体験エピソード①
平凡なセールスレディーが半年で全国2位の成績に！
似合う色と正反対の色を好んで着ていた

Kさんは、当時30歳。大手生命保険会社のセールスレディーとして、コツコツ真面目に働いていました。元来、努力家の性格で、一人でも多く顧客を増やそうと、取り扱う保険商品の勉強はもちろんのこと、売り込み戦術セミナーに参加したり、成功法則が書かれた本を読んだりと、何事も一生懸命取り組んでいました。ところが、スキルアップのためにさまざまなことにトライするものの、売り上げのほうはさっぱり。商品知識は誰よりもあるはずなのに、成績も伸び悩み、落ち込む日々が続いていました。

そんなKさんが、私のセミナーに初めていらっしゃったときの第一印象は、正直に言って「暗い」ということでした。

背がスラッと高く、顔立ちも整っているのに、紺色の上下のスーツに白シャツというお決まりの恰好とKさんの持っている色合いが何ともちぐはぐで、肌の血色の悪いガリ勉タイプの「いかにも人づきあいが苦手そう」な人に見えました。でも、それもそのはずです。なぜなら、Kさんは紺色系統とは対極にある、オレンジや黄色や茶系が似合う人だったからです。その似合わなさ加減が、背が高い分余計に目立ってしまい、言い方は悪いですが、「ダサい人」に見えてしまっていたのです。

お客様の立場になってみれば、保険の商品なんてだいたいどれも同じ。であればこそ、気に入った人から買いたいと思うのは当然のことでしょう。いくら商品知識があっても、明るい雰囲気を持った人と暗い雰囲気の人、どちらから買いたいかと聞かれれば、商品特性からいっても答えは自明の理です。

聞けば、Kさんは、クローゼットの中身もほとんどが紺や黒、あってもエンジといった濃くて暗い青みの色ばかり。その理由は「生保レディーらしく、無難だから」というものでした。「でも、今のままだとせっかくのあなたらしさがちっとも前に出てこなくて、仕事の結果も出せませんよ。思い切って、今ある服は処分して、あなたの似合う色を取り入れてみては？」と提案しました。

手始めにしていただいたことは、スーツの中に着るインナーを似合う色の色違いで6枚、それも1枚1000円、合計6000円で揃えることでした。

顔まわりに似合う色を持っていくだけで、印象はガラッと変わるものです。彼女に似合うオレンジや黄色、サーモンピンク、黄緑をインナーに持ってきたところ、肌に透明感が出て、全体にパッと明るい雰囲気に変わりました。そして、そのまま営業に行くと、行く先々で「**あら、どうしたの？ 彼氏ができたの？**」「**顔が明るいけど、何かいいことあったの？**」と声をかけられたそうです。

まわりの反応に一番びっくりしたのは彼女自身でした。だって、中身は何も変わっていないのに、いきなりいろんな人の自分を見る目が変わり、ほめてくれるようになったのですから。それと同時に、**外見がどれほど大事かということを痛感した**そうです。

見た目が変わっただけで保険の申し込みが殺到！

自分の外見に自信がついてきたKさん。その後、インナーだけでなく、スーツや靴も自分に似合う色を揃えていくと、さらに驚くことが次々に起こりはじめました。

それは、会う人会う人、保険を申し込んでくれるようになったことです。また、そのお客様が、別のお客様を紹介してくれるといった具合で、口コミによってとんとん拍子に顧客が増え、半年後には全国売り上げ2位になり、表彰されて社内報の記事にもなったのです。

それだけではありません。仕事が順調に伸びたことで収入も増えたKさんは、世界中の生命保険・金融サービスの専門家の中でもトップクラスの人しか入ることのできないMDRT（ミリオン・ダラー・ラウンド・テーブル）のメンバーにまでなることができたのです。

Kさんは、そうした自分の体験をもとに**「色で人生が変わる」**ことをメールマガジンでも発表し、親しい友人や大学の卒業生などを招いたセミナーまで開催するようになりました。私も講師として呼んでいただきましたが、久しぶりにお会いしたKさんは、**表**

情に自信があふれ、イキイキと輝いていました。また、人生を積極的に楽しむ余裕も出てきて、今では素敵なパートナーにもめぐり会い、幸せいっぱいの毎日を過ごしていらっしゃいます。

体験エピソード②
似合う色で自分らしい生き方ができ、夫婦関係も円満に
流産の辛い経験から考え方が受け身に

Hさんは専業主婦。二十代の頃、一度流産を経験してから子供ができなくなり、不妊治療のかたわら、妊娠するのにいいといわれることは何でもやっていたとき、偶然マジックビューティーセミナーのことを知ったということで、私の講座に参加されました。

Hさんは色白の美人タイプ。でも、第一印象は「地味で控え目な人」でした。本当はきれいで鮮やかな色が似合うのに、まったく反対のくすんだアースカラーの服を着ていたせいもありますが、色以上に冴えない表情が気になりました。

いろいろ話をするうちに、不妊治療がとても辛くて苦しいこと、それでも何とか子供

が欲しいということがわかったのですが、その言葉の裏には、どうやら「**働く必要がないのでもっと夫の世話を焼きたい。でも、夫は毎日帰りが遅く、しかも何でも自分でやる人で、私に服さえ選ばせてくれない。かといって、あり余る時間で自分が本気でやりたいと思うこともない。だから、せめて子供がいれば…**」という気持ちが隠されていたようでした。また、そうした満たされない生活が、Ｈさんの自信を失わせ、身につける服をどんどんくすんだ色に向かわせた原因のようにも思えました。

待望の自然妊娠！　夫婦の関係も大好転

ところが、私のセミナーでビビッドな色合いが似合うことがわかり、服をチェンジしたことがきっかけで、Ｈさんの気持ちに変化が見えはじめました。見違えるようにキラキラした印象になったＨさんに対して、まず、夫からの評価が変わり、続いて習い事教室の友人たちから「**どうやったらそんなにきれいになれるの？**」と、質問攻めにあったというのです。

潜在意識では不満を感じていたものの、それまで夫の言いなりで、自分を抑える生活をいやだとも思わずに過ごしてきたＨさんでしたが、まわりからほめられ、自分に自信がつくにつれ、一度しかない自分の人生をもう一度じっくり考えてみようと思いはじめました。そして、自分にとってやりがいのある仕事を見つけ、働きはじめたのです。毎日が楽しく充実するようになると、「無理に子供をつくらなくても大丈夫」と思えるようになり、不妊治療もやめてしまいました。

また、夫に対しても自分の意見を素直に言えるようになりました。色のしっかりと構築された理論を背景にどんどんきれいになっていく妻に対して、夫の方でも妻の意見を認めざるを得なくなったのです。1年後にはご主人も私のセミナーを受講し、**「色」が夫婦共通の話題になって、恋愛中のカップルのようにどんどん夫婦仲がよくなっていかれました。**

そして、待望の自然妊娠！　それを報告してくれたときのHさんの喜びいっぱいの笑顔は今も忘れられません。あきらめていた子供を授かった現在は、2歳の男の子のママとして、またよき妻として、愛する家族に囲まれ、夢に描いていた幸福なご家庭を築いていらっしゃいます。

体験エピソード③
就職活動にカラー理論を応用し、第一希望に内定！
ストリート系ファッションから大変身！

Sさんが私のセミナーを受講したのは、大学2年生のとき。就職活動を翌年に控え、息子の身だしなみを心配したお母様が申し込んだのですが、「母親に言われて仕方なく参加した」といった感じで、リクルートスタイルとは対極にありそうなストリート系ファッションに身を包み、ふてぶてしい面構えで椅子に座っていたのが印象的でした。

セミナーが始まってもふんぞり返っている、彼のかわいげのない態度は、少人数制のセミナーで、しかも自分を変えたいという強い思いで参加しているメンバーの中で、すっかり浮いてしまい、ともすると他の参加者の気持ちを阻害する存在になりかけていました。

ところが、次々に似合う色のスカーフを顔の下に当て、肌の色つやが一瞬にして変わっていく参加者の顔を見て、斜に構えていた態度が一変し、身を乗り出して話を聞いてくれるようになったのです。

そのときの気持ちの変化を後から聞くと、「**これはすごい！　色の理論を知っていたら、就職活動が絶対有利になるってひらめいたんです！**」ということでしたが、さすがに若いだけあって考え方も柔軟です。「これは使える！」と思ったら、パッと頭を切り替えて、色の理論を自分のものにしようとする姿勢に、憧れの会社に本気で就職したいという彼の心境の表れを感じました。

自分らしいスタイルで面接を受ける場面をイメージできた

就職活動、それも面接試験ほど、第一印象で左右されるシチュエーションはありません。たとえ実力があっても、面接官に「こいつは使えない」と思われてしまったら、それでおしまい。仕事ぶりを見せる機会は永遠に訪れないのです。

特に、Sさんは、就職人気ランキング上位の広告代理店という、頭脳と同時にセンスも要求される狭き門を第一希望にしていましたから、「**第一印象は7秒で決まる**」ということの重大さも十分に承知した上で、短い時間の中でいかに自分を魅力的に見せて自己PRをするか、面接官に好感を持ってもらうにはどうすればいいか、私の講義を聞きながら、当日のリクルートスタイルについてどんどんイメージを膨らませていったようでした。

後の章で詳しく出てきますが、彼は「ブライト・サマー」といって、明るくきれいな青みよりの色が似合うタイプでした。それで、スーツは明るめのグレーがいいか、それとも爽やかなブルー系がいいか、そのスーツに合わせるシャツやネクタイはどうすればバランスがいいか、自分らしいリクルートスタイルを具体的に追求しはじめました。**最後には、当日の髪型やメガネを小道具の演出に使うところまで、実際に面接を受けているリアルなビジョンが浮かんできた**のだそうです。

その結果は…もちろん合格！　思いを実現するには、細かいディティールまでしっかりイメージすることが大事とはよく言いますが、Sさんの場合も、まさにそれを実践した結果、3年生からの就職活動で、早々に内定をもらうことができたのです。

次の第2章では、あなたの第一印象を決める色の正体、そして、実際にあなたに似合う色を選ぶステップについて詳しくお話ししていきます。

第2章

“見た目”の印象は「色」で決まる

日本人は生まれてから自分で「色」を選んだことがない

今の日本では、ふつうの人が「**自分に似合う色**」について学ぶ機会は、ほとんどといっていいほどありません。ですから特定の色に関して、〝自分に似合うか似合わないか〟の判断基準がはっきりしていません。また、その日会う相手に対して、どんな色やカタチの服を着て行けばコミュニケーションがしやすくなるか、その認識や自覚も残念ながらないのが現状です。

たとえば、あなたが女性で、合コンに参加することになったとして、初めて会う異性に好ましい印象を与えるためには、どんな格好をして行ったらより効果的だと思いますか？

ボディーラインのはっきり出る、どちらかというと女性好みのキャリアスタイル（しかも色はグレー系や黒！）で颯爽《さっそう》と出かけて行って、撃沈されて帰ってきた人を私はこれまで何人も見てきましたが、誰が見ても「それじゃあ男性には受けないよね」と明らかにわかる格好を選ぶ人は意外にも多いのです。それでいて、その日、男性たちに人気のあった同僚のパステルカラーのワンピースを見て、「何よ、あの子。自分だけ可愛い子ぶっちゃって…」なんて、ぼやいているのです。

私に言わせれば**「その場にそぐわない格好をしてきた、あなたが悪い」**（笑）。だって、人気のあった女の子は、今日の目的をきちんと把握した上で、自分のよさを最大限アピールできて、相手からも気に入られる服を着ていったのですから。少なくとも、彼女は、ほか他の女性たちよりはっきりした**自分のモノサシ**を持っていたということでしょう。

問題は、日本の社会風土にあります。女性ばかりでなく、男性もそうですが、このような、いざというときの服装でうまく自分を表現できない人が多い原因の一つが、**幼い頃から自分で「色」を選んだことがない**、という事実なのです。

「色の感性」が閉じてしまう理由

日本の場合、幼い子供に洋服を買うときは、子供の選択権より大人側の好みの方が重視されます。

少子化の影響もあって、両親のおじいちゃん、おばあちゃん、ひょっとするとおじさん、おばさんも加わり、総勢何人もの大人たちがよってたかって、ブランドの服や自分好みの服を着せたがります。親の意見は聞いても、子供の意見を聞く人はほとんどいません。だから余計、**「自分のモノサシ（基準）」が育たない**のです。

日本にはさらに、お古の教育というか、お姉ちゃんの着たお下がりを妹が着る、あるいは、周囲からもらったお古を「もったいないから」着るという昔ながらの習慣があります。もちろん、それが似合っていれば問題はないのです。しかし、当の本人が「これは嫌い」と言っても、たとえばブランドの服をもらったりしたらとても断れず、むしろ親の都合で「何をわがまま言うの。ありがとうって言いなさい！」と、子供の個性を無視して着せてしまっている場合が多いのではないでしょうか。

それからもう一つ、**制服の弊害**というものもあります。脳の成長発達期に毎日同じ服装をして同じ色の刺激しか与えられないのでは、豊かな創造力のある人間に成長するとは考えられません。

また、後で詳しく述べますが、私たち**人間は皮膚で色を感じとっている**ので、制服の色がその子の波長と合わない場合、**不協和音**が鳴りはじめます。制服は毎日着るものなので、不協和音が鳴り続け、脳が限界を感じると、色に対する感覚をマヒさせるしかなくなるのです。

その結果として、右脳の働きが鈍くなり、本来持っているはずの**色の感性**が閉じてしまいます。そうなると、いくら似合わない服を着ていてもなんともない、さらには身のまわりで起こるさまざまな出来事に対しても「おかしいという疑問をまったく感じない」人になってしまうというわけです。

制服の利点はもちろんたくさんありますが、創造力や感性を育むという意味では、せめて下に着るシャツの色などが自由にできるといいのですが…。

アメリカでは子供の頃から自分で服を選ぶ

日本と対極にあるのがアメリカです。これはアメリカで長く生活した経験から言えることですが、この国は移民社会で、いろいろな人種の人たちが雑多に暮らしています。当然、白人と黒人が結婚することもありますし、ヨーロッパ系の男性とアジア系の女性が結婚するケースもあります。自分と人種の違う人と結婚すれば、目の色も髪の色も違う子供が生まれてきます。

そうすると、自分に似合っていたものが、子供には似合わないという状況に陥ります。また、子供時代にこそ色彩感覚が育つという教育観から、どこの家庭でも、**幼い時から子供たちに自分の服を選ばせる**ということが普通に行われています。朝、着替えるときはもちろんのこと、服を買いに行っても親は口を出しません。「どれがいい?」「それでいいのね？」と、子供の意見を尊重します。

子供も、最初のうちはうまく選べません。真っ赤なTシャツに、鮮やかな青のパンツといったハレーションを起こすような色を平気で着てしまうこともあります。しかし、そういった失敗を温かく見守り色の体験を積み重ねさせていくことで、知らず知らずのうちに**自分に似合う色やカタチの理解が深まり、自分でコーディネートしていくことを覚えていきます**。

アメリカの面白いところは、私学で制服を採用していても、制服を着る日と着ない日があることです。「今日はティータイムがあるからドレッシーな服を着て行こう」とか、「今日はディスカッションがあるから、赤い服で自分をアピールしよう」と、頭の中で自分のワードローブを思い浮かべながら選択することができます。

それでまわりの反応を見ながら、今日はほめられたとか、今日は失敗だったとか、水色を着て行ったらなぜかみんなが話を聞いてくれたとか、このピンクのシャツは男の子受けがよかったとか、**いろいろな経験を通して自分自身のスタイリストに成長していく**のです。

そこには高級志向やブランド信仰は一切ありません。もともと欧米には、高級品はあくまでもお金を持っている大人が買うべきもの、という風潮があるのですが、実のところは、身分相応のものを着て、十分チャーミングに見せられる自信があるからかもしれません。

洗脳に近い〝可愛い基準〟

反対に、思春期の大事な時期に、そうした過程を踏まなかった日本の若い人たちが、制服を卒業し、社会人や大学生になって、突然〝外見〟に目覚めると、何を着たら可愛く見せられるのかがわからなくて、ファッション誌を参考に、カリスマモデルのようになりたいといった**〝ひとつの可愛い基準〟**を求めてしまいます。さらに、そこでブランド信仰を与えられてしまうと、一気にブランド買いに走るのです。これは洗脳に近いものがあります。

みなさんもよくご存じだと思いますが、各誌にあそこまでブランド品が当たり前のように載っていると、持っていないことが恥ずかしいような、妙な錯覚に陥ってしまうんですね。それで、競うように大勢の人たちが流行りの服を着て、流行りのバッグを持つものだから、街を歩いている人たちが、何となくみんな同じように見えてしまう。

余談ですが、そうした洗脳が行きすぎて、ローン地獄に陥ってしまったり、とにかくお金が稼げるからと、危険な仕事に身を投じたり、**生き方まで変わってしまう人もいる**ようです。

こうした商業ベースにハマると怖いと思うのが、いとも簡単に流行りになびいてしまうことです。雑誌などの〝可愛い基準〟に慣れてしまうと、気持ちが楽になるのか、それとも抜け出すことに不安を感じるのか、お財布も意思も手玉に取られてしまって、それでは、ブランドやメーカーの思うツボです。

ずるずると引き込まれるように、ブランドばかりでなく、「今年はこんなデニムが流行る！」と言われれば買いに走り、「今年はぐっとコンサバがおしゃれ！」と言われればワードローブを総取っ替えし、「ショートパンツにヒールがマスト」と言われればダイエットに励むといった具合で、**自分に似合う・似合わないは関係なく、提示される通りに自分を変えてしまうのです。**これでは個性が引き出されるはずもありません。

刷り込みによる「色」選び

「色」に関しても例外ではありません。

その年の流行色は、その約2年前に国際的な機関で検討され、各ブランドの素材やデザインが出揃ったところで、実シーズンのほぼ6カ月前からファッション誌や情報誌など各メディアから一斉に発表されますが、テレビや新聞などからも繰り返し、繰り返し発信されると、その〝**刷り込み**〟による心理的な操作が働いて、「私もこの色を着なくちゃ！」と思ってしまうのです。

業界的には、準備に2年もかけたものが売れてくれないと困るのでしょうが、結局のところは用意周到に仕掛けられているために、流行するべくして流行しているともいえます。

ここで言いたいのは、流行りに乗ることが悪いということではありません。実際、お店に行けば流行りのものしか売っていないのですから、それを無視するわけにもいきません。ただ、「**流行**」と「**あなたに似合うかどうか**」**はまったく別の問題**なのです。

言葉を換えれば、どんなに流行っていても、この色は似合う、この色は似合わないという自分基準のモノサシさえ持っていれば、流行に乗っかりながらも、ひときわ輝いて見えるということなのです。

色の感性を磨くのは、これからでもまったく遅くありません。これから本書で、色の正しい選び方・使い方を一緒に学んでいきましょう。

「好きな色」と「似合う色」の違い

人は外見が魅力的な人を「内面的にも魅力的で好ましい」と思ってしまう傾向にあります。

第1章でご紹介したように、〝見た目〟が変わるだけで、まわりに影響を与え、周囲のいい反応を受けて自信がつき、すべてがうまくいくようになる…。このことを私は、〝**外見力サクセスサイクル理論**〟と呼んでいますが、それでは相手に魅力的だと思わせる〝見た目〟とはどんなものでしょうか？

結論を先に言ってしまうと、**〝外見の魅力〟というのは、「似合っているかどうか」**という一言につきます。そのことをまずは説明していきたいと思います。

まずはじめに、たくさんの色の中からあなたの「好きな色」を3つ、「嫌いな色」を3つイメージしてみてください。

さらに、「好き」な色の服や小物（バッグ・靴・ネクタイなど）を、あなたは普段、実際に身につけていますか？「嫌い」な色はどうでしょう？

- **好きな色と実際に着ている服が一致している**
- **好きな色だが、その色の服は着ていない**
- **嫌いな色なのに服としてはよく着ている**

右に挙げたように、おもに3つのケースがでてくると思います。こうした色の〝**好き・嫌い**〟は、実は、人生の中で経験してきた出来事と密接にかかわり合っています。

小さい頃から年代順に色の好みを書いていくと、人生の中で起きたいろいろな出来事によって**色の嗜好**が変わっていることに気づくはずです。

また、両親から受けた影響、たとえば、「お前には紺が似合う」と言われて紺ばかり着させられていた子供の頃の思い出や、高校生や大学生くらいになって、自分のアルバイト代で洋服を買いに行きはじめた頃の流行に左右されているかもしれません。好きな人が「似合う」と言ってくれたから好きになった色、逆に「似合わない」と言われて、その色の服を一切着なくなったということもあるかもしれません。

あなたが身につける色には、単純に〝好き・嫌い〟というだけでなく、思った以上に

深い心理的な作用が働いているのです。私はたくさんのカウンセリングの経験からそのことを強く感じてきました。そこで、もう一つ質問をします。

あなたが好きな色、よく着る服の色は、あなたに〝似合って〟いますか？

この問いに答えるには、主観だけでなく**〝客観的な判断〟**が必要になると思います。「自分も嫌いで、人からも似合わないと言われる色の服」は、似合う確率もゼロに等しいでしょう。これに対して、「自分も好きで、人からも似合うとほめられる色の服」は、ほぼ間違いなく似合うはずです。つまり、**〝主観と客観〟が一致していれば、結論が何の迷いもなくはっきりと出ます。**これらはあなたを魅力的に見せてくれる服なので迷わずに着てください。

答えを迷ってしまうのは、「自分は好きでも、まわりの評判はイマイチな色の服」と、「まわりからはほめられるけれど、自分ではしっくりこない色の服」です。

あなたは、「他人がどう言おうが、自分が好きなんだから構わない」というタイプでしょうか？　それとも、「パートナーや恋人、友達が似合うとすすめてくれたからあまり気乗りしないけど着る」というタイプでしょうか？

主観と客観のマトリックス

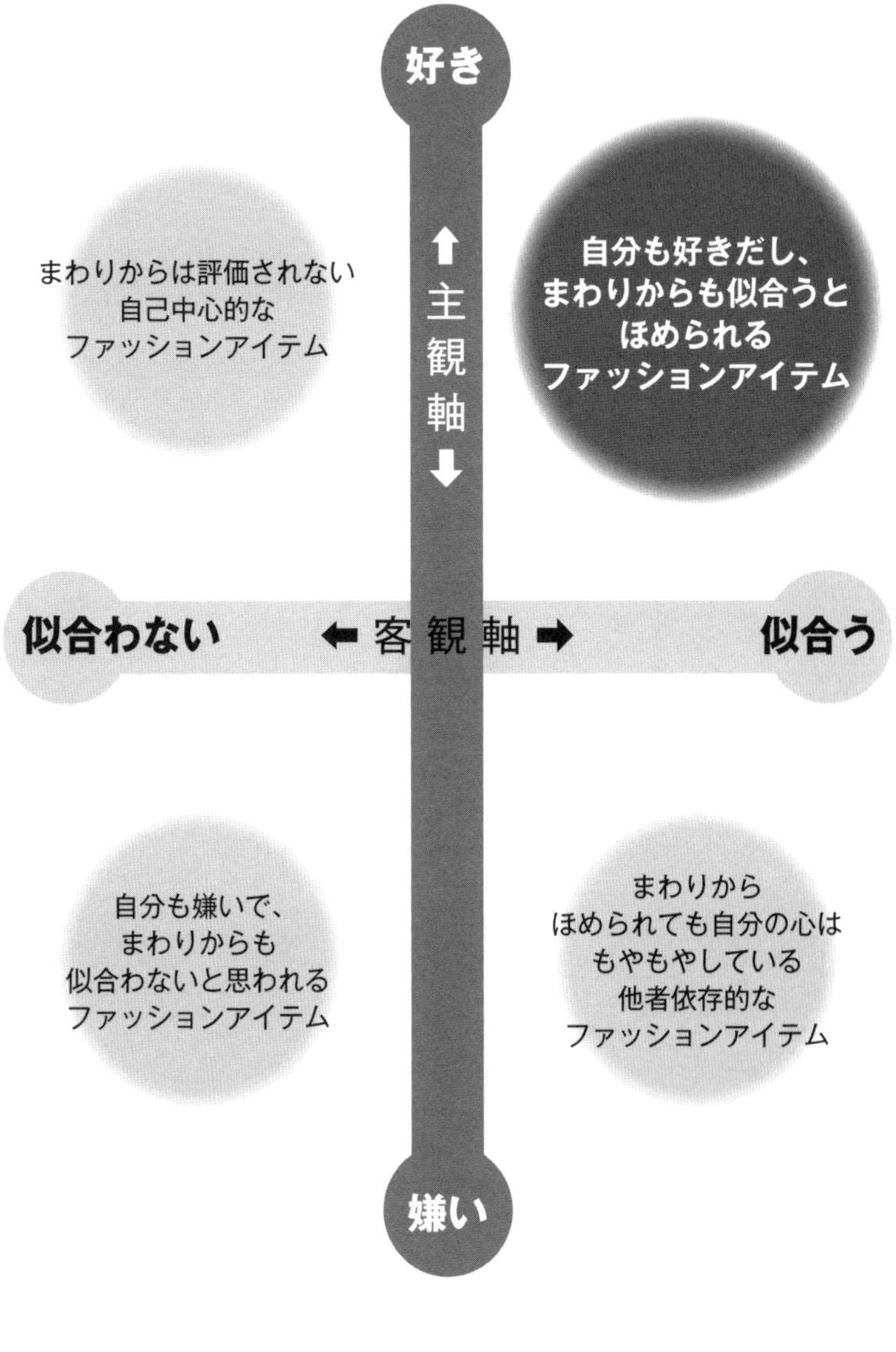
好き
↑主観軸↓
嫌い
似合わない
←客観軸→
似合う
まわりからは評価されない
自己中心的な
ファッションアイテム
自分も好きだし、
まわりからも似合うと
ほめられる
ファッションアイテム
自分も嫌いで、
まわりからも
似合わないと思われる
ファッションアイテム
まわりから
ほめられても自分の心は
もやもやしている
他者依存的な
ファッションアイテム

実は、この両方ともあなたを魅力的に見せてくれる服ではありません。**自分が好きだからと独りよがりで選ぶ服も、人の意見に依存して着る服も、残念ながらあなたの魅力を下げてしまうのです。**これらの服は、誰か本当に似合う人にあげてしまうか、でなければ思い切って処分してください。

そして、今まで多くの方のカラー診断をしてきた経験から、私は、**〝主観と客観〟が一致しない色を着ていても幸せにはなれない**と言い切ることができます。あなたの持っている魅力を最大限に引き出すのは、**「自分も好きで、人からも似合うとほめられる色の服」**だけなのです。

では、**〝似合う色〟**の定義とは何でしょう。

プロローグでも述べましたが、それは、目が輝き、肌に透明感が出て、若々しく見える、自分を引き立ててイキイキと見せてくれる色合いのことです。

「色合いによる第一印象の違い」の表を見れば明らかですが、似合う色を着ている人は、実際の年齢より5～10歳若返って見え、実際の体重より4～5キロ痩せて見え、元気で、幸せそうに見え、顔が持ち上がって見えます。

色合いによる第一印象の違い

似合う色	似合わない色
5〜10歳若返って見える	5〜10歳老けて見える
4〜5キロ痩せて見える	4〜5キロ太って見える
元気に見える	疲れて見える
幸せそうに見える	やつれて、鈍く見える
顔がリフトアップして見える	表情がゆがんで見える

それに対して、似合わない色を着ている人は、老けて見え、太って見え、疲れて、やつれて見え、表情がゆがんで見えてしまうのです。

音楽でたとえるとわかりやすいのですが、**色とあなたの波長がぴったり合うと、美しい和音があなたの内外から聞こえてくる**のです。すると、あなた自身の体が楽になり、心地いいのはもちろんのこと、周囲の人も心地よくなります。きれいな音楽を聴いて不快になる人なんて、そうそういません。だから、もうちょっと聴いていたくなる、また聴きたくなるのです。

その反対で、**色の波長とあなたの波長が違っていると、ガチャガチャとした不協和音が鳴りだします**。そうすると、顔色も悪く、疲れて元気がなさそうに見えてしまうのです。実際に、体の不調が出てくる人もいます。似合わない色を着続ける限り、不協和音は鳴りやみません。その不協和音を聴き続けるあなたも相当に辛いのですが、周囲も当然、居心地の悪さを感じます。なるべく早くこの場を立ち去りたい、無理をして聴きたくないと思ってしまうのです。

色の正体とは？

ここで、そもそもの「色の正体」についてご説明しましょう。

色とは、太陽から発せられる光エネルギーの一部である「可視光線」のことを指しています。ちなみに、太陽の光を分析すると、紫外線や赤外線といった目に見えない「不可視光線」と、目で見える「可視光線」に分かれます。

私たちが目で見える範囲というのは、光の波長が380〜780ナノメートル（ナノメートルは10億分の1メートル）までで、その中に色が7色、波長の短い方から紫・藍・青・緑・黄・橙（オレンジ）・赤光線という順番で長くなり、その波の大きさの違いを脳が色として感知するのです。逆に言うと、**色によって波の大きさが違う**ということなのです。物理で学習した周波数曲線を使うと、それぞれの色を表すことができます。

私たち人間も、色を持っています。そして、**人はそれぞれ、肌の色、目の色、唇の色、髪の色が違います**。これは、人によってメラニン色素やヘモグロビンの量の違いが肌の色や唇の色を左右しているからで、**自分の持つ色合いも、光の色と同じように周波数をつくりだしている**のです。

そして、この周波数どうしがぴたっと一致したとき、つまり、あなたの持っている生体エネルギーの上に、服として同調する波長のエネルギーを乗せたとき、**エネルギーとエネルギーが共鳴して大きく響き合い、あなたの外面的な美しさが増し、オーラが輝き出すのです**。

これが、先ほど述べた「美しい和音」の状態です。体と色の波長が調和しているわけですから、体調もよく、したがって顔色もよく見え、笑顔も素敵になります。さらに、調和した波長がまわりにもいい影響を与えます。自分が心地いいだけでなく、まわりも心地よくなるため、「場」の波長がよくなり、いいコミュニケーションが築けるというわけです。

ですから、洋服の色はもちろん、下着の色も大切です。どうしても会話が弾まない、何だか気持ちが乗らない、だるい、疲れる、肩が凝る…と思ったら、その色があなたに合っていない可能性があります。

〝見た目〟は、自分の責任です

似合う色の主観と客観の違い、また、一枚の服でも雑誌やメディアから詰め込んだ情報によって選ぶのと、自分に似合うものが何かわかって選ぶのとでは、どれほどの違いがあるのかを述べてきましたが、**「人マネの域を出ない着こなしで、自分らしさを表現することはできない」**ということが、何となくおわかりいただけたかと思います。

これは、**「自分の見せ方に責任を持つ」**と言い換えることもできます。

十代、二十代の初めくらいまでは、誰もが若さゆえの美しさに満ちあふれています。ところが、年を重ねていくごとに、その美しさには「個人差」が出てきます。でも、**その差は自分がつくっている**ということに、そろそろ私たちは気づく必要があるのです。

もちろん「経済的余裕がない」とか、「忙しくて自分のことに構っていられない」とか、「パートナーとうまくいかなくて、それどころじゃない」とか、人によってさまざまな理由があることでしょう。しかし単純に「似合う色」によって美しさが保て、それらの悩みも解決してしまうとしたら、そのテクニックを使わない手はないのです。

極端なことを言えば、**Tシャツ一枚で、あなたは自分が思った以上に美しくなれるの**

です。しかも、余計なお金も時間もかからずに。

女優は自分の見せ方を熟知している

一枚の洋服が人の印象を変える。このことをはっきり証明してくれるのは、テレビや映画で活躍する女優さんたちでしょう。

テレビやスクリーンで見る彼女たちは、役柄によって自由自在に雰囲気を変えています。たとえば、生活が苦しく、家族のために身を粉にして働く女性を演じているときは、老けて疲れた印象にするため、自分に似合わない色の服を着て、あえて本来の輝きを消していますし、その反対で、恋にときめく幸せいっぱいの役では、自分に似合う色を適確に着こなし、髪の色や肌の色を艶やかに際立たせ、年齢よりずっと若々しいイメージを醸し出しています。

メイクの印象もありますが、役柄によって、「あれ？　あの人、こんなに老けていたっけ？」「あの人、こんなに若かった？」と、思わず口にしてしまうくらい、その見た目の差はとても同一人物とは思えないほど。つまり、**色合い一つで、一人の人間の印象はまったく違って見えるん**ですね。

では、実際のファッションはどうかというと、記者会見や映画のプレミア、パーティー会場などで見る彼女たちは、本当に光り輝いています。顔がきれいとか、スタイルがいいとかいうビジュアルの問題以上に、自分にぴったりの色やイメージを把握した上で完璧にコーディネートしている＝「**自分の見せ方に責任を持っている**」からこそ、全体の雰囲気として華やかなオーラに満ちているのです。

ごくたまに、「私が好きなんだからいいでしょ。何か文句ある？」という感じで、集まった人たちをまるで無視した服装で現れる人もいることはいますが、ほとんどの人たちは、**「人からどう見られているか」**を同時に考えた服を選んでいるように思えます。だから、まわりも心地よく受け入れることができ、好感度も高くなるのです。

服選びにも、「今日は、私に似合うだけでなく、会う方やシチュエーションにも合わせて着てきました」という、相手や場面への思いやりの気持ちも入ることで、その次のステップ、女優さんでいうなら次のお芝居からも目が離せなくなるのです。

それはひと言で言うと**「テクニック」**なのです。それを一番熟知しているのが女優という職業なのかもしれません。**テクニックである以上、それさえ身につければ、あなたにも同じ変化が表れるということです。**

似合う色は「マジックカラー診断」でわかる

では、自分とぴったり合う、美しい和音をいつも鳴らしておくにはどうすればいいのでしょうか。

その指標になるのが「**マジックカラー診断**」です。「マジックカラー診断」とは、色彩学の知識を体系化した理論に基づいて、**その人固有の髪の色・目の色・肌の色から、その人に似合う色合いのグループを見つける**という、〝個性を伸ばす手法〟の一つです。

自分に似合うマジックカラーは、第二次成長期（十代半ば）以降は一生変わることがありません。一度カラー分析をすれば、生涯にわたって活用できる知恵として、あなたを応援してくれます。この分析方法は後ほど詳しく説明していますので、ぜひ試してみてください。

ここで覚えておいていただきたいのが、マジックカラーは、「黄色は似合うけれど赤は似合わない」という単純なものではないということです。「黄色」とひと言で言っても、明るい黄色から暗い黄色、鮮やかな黄色、青みがかった黄色までいろいろあります。その中で、似合う黄色、似合わない黄色があるということです。

似合う黄色を身につければ、元気で、若々しく、幸せそうに見えますが、似合わない黄色だと、老けて、やつれて、疲れて見えるのです。同じように、似合う赤、似合う青、似合う緑があるのです。

マジックカラーを知ると、服装ではなく自分自身をほめられるようになる

マジックカラー診断をした人の第1の変化は、買い物が楽しくなることでしょう。似合う色の〝自分基準（自分に似合う色）〟がわかっていますから、安いバーゲンの山積みの中からでも、自分に似合う品物を簡単に見つけることができます。**高くても似合わなければ不要物、安くても似合うものは宝物**です。ショッピングの時間もぐっと短くなります。似合うものがあれば買いますが、ないときはすんなりあきらめることができます。タンスの中身はすっかり整理され、持っているアイテムの組み合わせが何通りも可能になります。

第2の変化は、似合う色合いのコーディネートをしはじめると、**びっくりするくらい人からほめられる**ようになることです。

今までは、「そのブラウス素敵ね」「ネクタイお似合いですね」と、個々のアイテムに

ついてのほめ言葉だったのが、「今日の雰囲気はとても素敵ね」「とてもおしゃれな方ですね」といった、全体の雰囲気をとらえたほめ言葉に変わります。「何かいいことあったの?」「最近調子がよさそうですね」とも言われます。それは、あなたが身につけている個々のアイテムではなく、**あなた自身が色とマッチして輝きはじめた証拠**なのです。

第3の変化は、**あなた自身の〝心持ち〟が変わる**ことです。

似合うコーディネートは、あなたの自信につながり、朝からすがすがしい気持ちで一日がスタートします。人からほめられ、気分も上々です。以前なら、お世辞に聞こえて「いえいえ、安物ですよ」なんて謙遜していた人も、色の理論をおさえた上での絶賛には、**あなた自身が自信を持って「ありがとうございます!」と素直に喜べる**のです。自信に満ちたあなたの笑顔は、あなたの魅力をさらに倍増させることでしょう。

パーソナルカラー理論は政治家も活用している

マジックカラー診断のもとになるパーソナルカラー理論は、古くはマリー・アントワネットの時代、ヨーロッパの社交界で発達し、移民船に乗ってアメリカに渡り、アメリカの上流階級層の中で理論化されていきました。1960年の大統領選挙で、ケネディ大統領は、イメージコンサルタントからアドバイスを得て、パーソナルカラー理論を活用していたといわれています。

現在でも**選挙には色が戦略的に使われています**。一番わかりやすい例が選挙ポスターです。政治家の名前も知らない、政策もわからないとしたら、ポスターを見て判断するしかありません。そのときに、無名であればあるほど、何色のネクタイをしているか、何色のシャツを着ているか、何色のスーツを着ているかで、「誠実さを感じる」「信頼できそう」「情熱がある」など、見る人に与えるイメージを大きく左右してしまうのです。

候補者にとっては、色そのものの持つイメージというのも、もちろん大切ですが、さらに重要なのは、**肌の明るさや透明感**です。

似合わない色を身につけて、肌がくすみ、頬が落ち、シミやしわが目立ち、目の色が濁って見えると、「元気がない」「頼りなさそう」と、共感指数が一気に下がります。どのポスターがイメージメイキングで成功しているか、選挙用のポスターをずらっと並べて、専門家が見れば、当選、落選がほとんど的中するほどです。

かくも賢き色の力かな、といったところでしょうか。

さて、その後、1972年に、マージ・スウェンソンとジェリー・ピンクニーがカラーコンサルティング会社「ファッションアカデミー」を設立しました。そこでトレーニングを受けたキャロル・ジャクソンが、1980年に、似合う色のグループを春・夏・秋・冬の4つに分類する技術論『カラー・ミー・ビューティフル』を出版してアメリカでベストセラーになり、これがパーソナルカラー4分類法を庶民が活用できる初めての情報開示となりました。

1980年代後半からは、日本でもその理論が普及し、1990年代にはカラー・コンサルティングがいろいろな雑誌で取り上げられるようになりました。さらに、1995年には、キャロルの弟子である、メアリー・スピラーニとクリスチーヌ・シャーロックが、『カラー・ミー・ビューティフル　ルッキング・ユアベスト』を出版し、4分類法をさらに細分化し、似合う色の正確性を追求した「**パーソナルカラー12分類法**」を発表しました。今回ご紹介するマジックカラー分析も、この12分類法が基準となっています。

あなたに似合う色合いを正確に引き出す12分類法

私は2002年にアメリカから帰国しましたが、日本のカラー分析が今だ春夏秋冬理論の4分類法が主流となっていることをとても残念に思っていました。この分類法です

従来の4分類カラーの分析

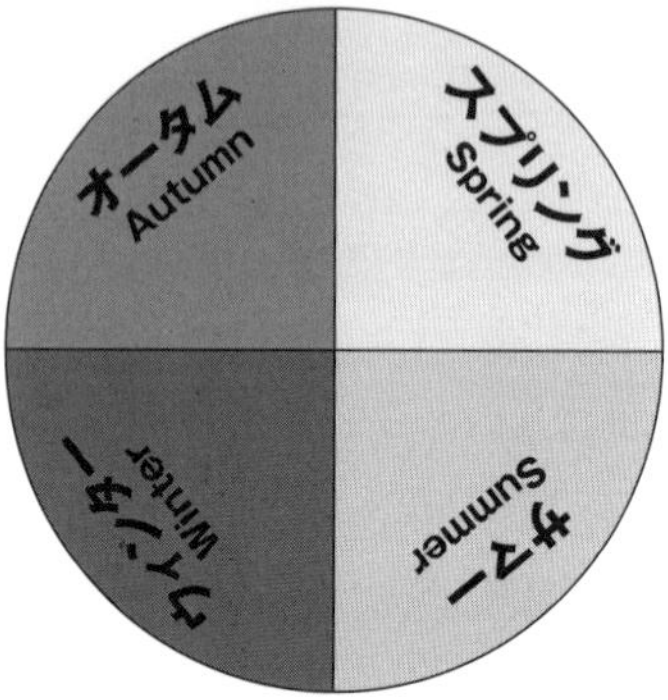

よいところ

単純でわかりやすい。

課題点

もともと12分類の色相の要素だけをまとめた大雑把なカラー分析。
中間に位置する方の判定が、カラーアナリストの主観によって変わってしまう可能性がある。この分類だと似合わない色合いも混在してしまう。

と、カラーアナリストの主観によって、春と秋の中間、夏と冬の中間など、どちらともとれる色合いを持った人の判定が変わる可能性があるため、正しい答えが得られない場合があるからです。

　それに対して、春夏秋冬の4分類に、色相《しきそう》、明度《めいど》、彩度《さいど》の3つの属性の特徴を加味して分類されたのが、12分類法です。まず、3つの属性に沿って、肌の色、目の色、唇の色、髪の色に合わせてグループ分けしていきます。

　色相では、イエローベースの暖色系「**ウォーム**」**グループ**か、ブルーベースの寒色系「**クール**」**グループ**に分けることができます。

　これは、あなたの肌の色がどちらかというと黄みがかっている〈イエローベース〉なのか、青みがかっている〈ブルーベース〉なのかを判定するもので、マジックカラー分析の基本中の基本となるものです。

ものすごく単純にいうと、原色オレンジのスカーフと、原色青のスカーフを顔の下に当て、オレンジのほうが肌が滑らかで健康的に見えたらイエローベース、青のほうが肌が輝いて血色よく見えたらブルーベースです。

あなたの肌がイエローベース（「ウォーム」グループ）であれば、春か秋に該当し、ブルーベース（「クール」グループ）であれば、夏か冬に該当することになります。

これを判断することの重要性は、同じ緑でも黄緑系に寄っているか、青みがかった青緑系に寄っているかで、顔映りがまったく違って見えることからも明らかです。

仮に、「ウォーム」グループの人が、青みがかった緑色を顔の下に当てると、顔色が悪く、老けた印象になり、同様に、「クール」グループの人が、黄みがかった緑色を当てたとしても、やはり同じように、疲れて頬が落ちたような印象になります。ですから、最低でも、自分が「ウォーム」なのか「クール」なのかを知っていれば、そういった間違いは犯しません。また、**洋服の色だけでなく、ヘアカラーするときの色、ファンデーションの色、リップの色を選ぶときの判断にも役立ちます。**

この時点で、非常に黄みが強い、または非常に青みが強い場合は、明度と彩度で「春か秋」、「夏か冬」を判定します。あなたの肌の色が完全にイエローベースで、なおかつ、明るく、鮮やかな色を顔の下に当てたとき、血色がよく健康的に、若々しく見えた場合、あなたのマジックカラーは「ウォーム・スプリング」ということになります。同じように、ブルーベースで、明るくソフトな色がしっくりくる場合は「クール・サマー」ということになります。

判定基準としては、**巻末付属の判断シート（色群）を顔の下に当て、3属性（色相・明度・彩度）のうち、どのスケールにあなたの輝きがもっとも反応するか？　で判断していきます。**

明度では、暗い色の**「ダーク」グループ**と、明るい色の**「ブライト」グループ**に分けられます。彩度では、鮮やかな色の**「ビビッド」グループ**と、ぼんやりしてくすんだ色合いの**「ソフト」グループ**に分けられます。「ウォーム」か「クール」に分けた上で、明度で判断し、顔の輪郭がよりシャープに見え、肌に透明感が出るという人は、「ダーク・オータム」「ダーク・ウィンター」「ブライト・スプリング」「ブライト・サマー」のいずれかに判定され、明るさより鮮やかさで見た方が、より顔の輝きが引き立つという人は、「ビビッド・スプリング」「ビビッド・ウィンター」「ソフト・サマー」「ソフト・オ

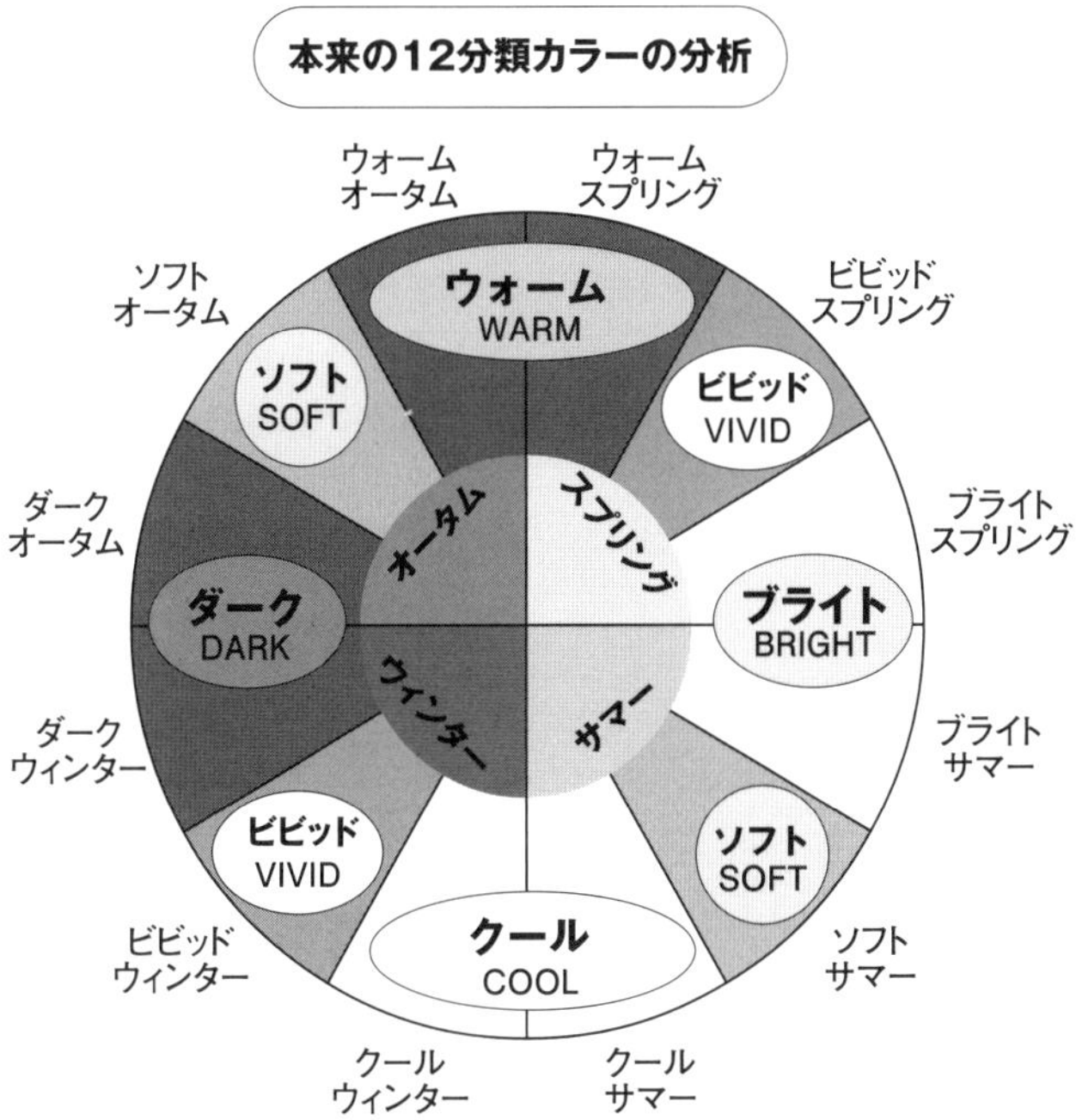

よいところ

客観的な色彩理論により、誰がやっても必ず同じ結果になる。

分類された色の中には、似合わない色合いは入っていない。

課題点

信頼できる専門家が少ない。

自然光もしくは色彩を判別するための専用照明のもとで、

正確な診断をする必要がある。

判断シート6分類の特徴

ウォーム (Warm)	イエローベース	黄色、オレンジ、黄緑が似合う
クール (Cool)	ブルーベース	青、水色、ピンクが似合う
ビビッド (Vivid)	彩度が高い	はっきりした色、鮮やかな色
ソフト (Soft)	彩度が低い	ぼんやりした色、くすんだ色、柔らかな色合い
ブライト (Bright)	明度が高い	明るい色、白っぽい色
ダーク (Dark)	明度が低い	暗い色、黒っぽい色

ータム」のいずれかに判定されます。

このようにして「ウォーム」「クール」「ブライト」「ビビッド」「ソフト」という6分類法をもとに、全体では12分の1となる、あなたに似合うマジックカラータイプが判明するのです。

この本の巻末に、マジックカラーの自己診断ができるように6分類の判断シートを開発し、具体的な詳しい手順についてはP164〜167で説明しています。ぜひご覧になり、自分なりに分析してみてください。

色の3属性　色相、明度、彩度

色には3つの属性があります。**色相、明度、彩度**です。

まず、**色相とは、単純に赤、青、黄、緑といった色味の違い**をさします。さらに、この色味には、主に4つの働きがあります。**①重さ（重い・軽い）、②温度（暖かい・寒い）、③遠近感（遠い・近い）、④時間の流れ（速い・遅い）**など、色味によって感じ方が違います。

2つ目の属性は、明度です。明度とは色の明るさの度合いをさします。明度がもっとも高いのは白で、もっとも低いのは黒です。赤よりピンクの方が明度は高く、反対に、赤よりワインレッドは明度が低くなります。白の度合いが多いほど明度が高く、したがって明るさが増します。

3つ目の属性は、彩度です。**彩度とは色の鮮やかさの度合い**をさします。これは色の純度、透明度と考えてもよく、混じりっけがなく、強く鮮やかな色を彩度が高いといい、くすんで弱い色を彩度が低いといいます。オレンジ色を例にとれば、冴えたオレンジの原色がもっとも彩度が高く、だんだん灰味を帯び、濁った黄土色がもっとも彩度の低い色となります。

間違えやすいのは原色に白が混じってくる場合です。白が混じると白濁してくるので、彩度は低くなります。しかし、この場合、明度は高くなります。同じ明度でも、色味の強いものは彩度が高く、明度のみを持つ無彩色（白・黒・灰色）に近づくにつれ、彩度は低くなります。

マジックカラー診断のガイドライン

より正確にマジックカラーを判定するためのガイドラインは次のようなものです。

①メイクを落として白い上衣を着る。
②日中の明るい窓際（直射日光が入らない）に鏡を置き、顔の下に判断シートを当てる
③判断シートを当てて、しっくりくるほうのシートを選ぶ（目をパチパチさせたとき、色だけが目に飛び込み、顔に焦点がいかない場合は似合わないと判断する。逆に色が弱く、目ヂカラが弱まり、老けた印象になる場合は似合わないと判断する）。

④「色合いによる外見の見え方の違い」を判断のポイントとし、似合う・似合わないをチェックする。

⑤客観的な第三者の意見を聞く。

最後の**「客観的な第三者の意見を聞く」**というところが大変重要で、先ほど述べたように、**自分が似合うと思う「主観」と、人が見て似合うと感じる「客観」にはある程度のギャップがあると思って間違いありません。**

実際、私がマジックカラー診断をした方の中には、自分では黒が似合う「クール・ウィンター」と判定したものの、客観的に見ると、対極の「ブライト・スプリング」だったという場合もありました。正直に言うと、「大好きな黒が似合わないなんて、そんなはずない！」と、その場で泣かれてしまったこともあります。こういった自分が好きだと思い込んでいた色が似合わない色だと診断された場合、「好き・嫌い」といった自分の主観が過去のどのような経験によって形作られたかを、心理的に探ってみる必要があります。

前述したように、好きになった理由は似合うという客観的事実に基づいていません。色によってどんどん自分の魅力がアップすることがわかり、まわりからも、「絶対そっ

似合う色と似合わない色の見え方の比較

	似合う色	似合わない色
髪の毛	艶やかに見え、色もきれいに見える	パサついた感じに見える
瞳	輝いて見える	ぼやける
顔の輪郭	シャープに見え引き立つ	ぼやける
シミ・シワ・ニキビ	目立たなくなり肌が滑らかに見える	目立つ
眼の下のクマ・頬の陰	クマ・陰が目立たない	クマ・陰が濃く強調される
顔色・血色	透明感が出て健康的で自然な血色	青白くなる、赤らむ、くすむ、黄ばみが出る

ちが似合うよ！」とほめられることで、気持ちが前向きにシフトしていって、好きな色と似合う色が一致していくのです。

それで、最後には、「似合う色がわかってうれしい。やってよかった！」となるのです。

ぜひ、第三者にも見てもらいながら、そうした色の力を信じて、面白いと感じながら判定してみてほしいと思います。

グループ・ダイナミックスの力

私たちはこれまで、長い間、色についての正しい知識を知らなかったため、前述したような心理的葛藤を経験する方が少なくありません。そこで私が活用しているのが、〝**グループ・ダイナミックス**〟という手法です。

グループ・ダイナミックスとは、個人がバラバラに行動するのではなく、集団ゆえに生まれる動力（集団力学）に従って行動することをさします。もっと簡単に言うと、「**個人が集団からの影響を受ける**」ということです。

そもそも色というのは、身近であるだけに、判断の対象として主観が働きやすい＝「思い込みに左右されることが多い」のが事実です。本来、色彩理論という客観的な物差しに当てはめてこそ、誰がやっても同じ結果になるはずなのですが、すべて自己判断にしてしまうと、主観が働いてしまい、せっかくマジックカラー診断をしても、本当のカラーグループが選べないということになりかねません。

私のセミナーでは、通常5～6人でグループを作ってもらい、お互いに似合う色を判断し合いながらマジックカラー診断をしていきます。そこで、**個人の判定とまわりの判定が違っていた場合、まわりの判定を優先してもらいます**。数の理論で「似合う」「似合わない」を理解し、腑《ふ》に落としていってもらうのです。

グループ・ダイナミックスが優れていると思うのは、まわりが明らかに変わっていくのを見て、「色であれだけ若々しくなれるんだったら、私も変わりたい！」と思わせるところです。

それで、自分の順番が回ってきたときに、「うわあ、こっちの方が、肌がすごくきれいに見える！」「ええ〜っ！　なんでそんなに変わるの？」「こっちだと頬が持ち上がって見えるよ！」といった、驚きの声やほめ言葉をかけられて、**「あの人がそうだったんだから、自分も本当に変わったんだな」と、心から納得できる**のです。まさに、「人の振り見て我が振り直せ」ということわざ通りです。

見ていて面白いのは、そうやって気持ちが乗ってくると、上体も前に乗り出してくることです。最初は、ちょっと斜に構えて椅子の背に体を預けるようにしていた人が、どんどん上体が起きて、最後は両ひじをテーブルに乗せて前傾姿勢になる人を、これまでたくさん見てきました。聞きたいときと聞きたくないときの態度というのは歴然で、人間の背骨ほど正直なものはない！　というのが、私の正直な感想です（笑）。

いくらまわりから「似合う」「似合わない」と言われても、自分のことだと「それってホント？」と疑ったりしてしまうものですが、人が変わっていくのを見ることでその気になれるし、理解もできる。結局のところ、**自分のことは自分が一番わからない**ということです。ですから、この本を読んで判定をするときに、もし可能であれば、1人より2人、2人より3人と、**何人か集まって、お互いにマジックカラー診断をすると一番いい**と思います。

さて、あなたのタイプは何になるでしょうか？

マジックカラー 12グループの特徴

イエローベース

ブライト スプリング Bright Spring　明るい黄みがかった色が似合います
明度:高い　彩度:中から高め　色相:黄みやや強め
特に似合う色【ピーチピンク、パステルイエローグリーン、クリームイエロー】

ウォーム スプリング Warm Spring　黄みを多く含んだ明るい色が似合います
明度:中から高め　彩度:中から高め　色相:黄みが強い
特に似合う色【キャメル、ライトオレンジ、イエローグリーン】

ビビッド スプリング Vivid Spring　鮮やかな黄みがかった色が似合います
明度:中　彩度:高い　色相:黄みやや強め
特に似合う色【クリアオレンジ、ビビッドイエロー、ブライトグリーン】

ダーク オータム Dark Autumn　深みのある黄み寄りの色が似合います
明度:低い　彩度:中から低め　色相:黄みやや強め
特に似合う色【フォレストグリーン、コーヒーブラウン、ダークターコイズ】

ウォーム オータム Warm Autumn　黄みを多く含んだ深みのある色が似合います
明度:中から低め　彩度:低い　色相:黄みが強い
特に似合う色【トマトレッド、ゴールデンイエロー、ブラウン】

ソフト オータム Soft Autumn　柔らかな黄みがかった濁色が似合います
明度:中から低め　彩度:低い　色相:黄みやや強め
特に似合う色【ベージュ、マスカットグリーン、ディープピーチ】

ブルーベース

ブライト サマー Bright Summer　明るい青みがかった色が似合います
明度:高い　彩度:中から高め　色相:青みやや強め
特に似合う色【パステルピンク、ミントグリーン、パステルターコイズ】

ソフト サマー Soft Summer　柔らかな青みがかった濁色が似合います
明度:中から高い　彩度:低い　色相:青みやや強め
特に似合う色【パウダーピンク、グレイッシュブルー、ソフトパープル】

クール サマー Cool Summer　青みを多く含んだ明るい色が似合います
明度:中から高め　彩度:中から低め　色相:青みが強い
特に似合う色【スカイブルー、ネイビー、ラベンダー】

ダーク ウィンター Dark Winter　深みのある青み寄りの色が似合います
明度:低い　彩度:中から低め　色相:青みやや強め
特に似合う色【ディープパープル、ネイビーブルー、ワインレッド】

ビビッド ウィンター Vivid Winter　鮮やかな青みがかった色が似合います
明度:中　彩度:高い　色相:青みやや強め
特に似合う色【フューシャ、ブルーターコイズ、ブルーレッド】

クール ウィンター Cool Winter　青みを多く含んだ鮮やかな色が似合います
明度:中から低め　彩度:中から高め　色相:青みが強い
特に似合う色【パイングリーン、ラズベリー、ロイヤルブルー】

明度…色の明るさの尺度
彩度…色の鮮やかさの尺度
色相…赤、黄、緑、青といった色の相違

コラム1　日本人の7割は黒が似合わない

みなさんは、喪服以外に黒い服を何着持っていますか?

もしかしたら、「黒い服って何にでも合わせやすいから便利だし、大人っぽくて、しかもすっきり痩せて見えるよね」なんて思っていませんか?

でも、**日本人の中で黒の似合う人の割合は3割ちょっと。実は、残りの7割弱の人たちは、黒が似合わないのです。**知っていましたか?

確かに、黒にはカッコよさやクール、シャープといったポジティブなイメージを持っている人が多いのも事実です。キャリア系の女性が黒を好むこともあり、黒＝「仕事のできる人」という印象もあります。

あるいは、太陽の光の明るさを表す白に対して、闇の暗さを表す黒は、もうこれ以上は色がつかない、他の色に染まらない「強さ」があることから、自分らしい、はっきりとした意思を持つ人のイメージや、近寄りがたい人、プロフェッショナルといったイメージも併せ持っています。

実際、黒が似合う人というのは、何とも言えない凛とした意思の強さを感じさせます。と同時に、とてもスタイリッシュに見えます。また、着るほどに肌の透明感が増し、特に女性の場合は非常に色っぽく見えます。その人自身、黒とエネルギーが調和しているわけですから、お葬式でもイキイキ輝いて見えてしまうため、ノーメイクに近いくらいマイナスのメイクをしない限り、悲しみの席にそぐわないほど元気に見えてしまう人もいます。

反対に、黒が似合わない人にとって、黒はすべての光を吸収してしまう色ですから、体の中に光が入らなくなります。すると、光を遮断されると枯れてしまう植物と同じで、老化を促進することになるのです。

たとえば、明るいパステルカラーが似合う、黒のエネルギーを持っていない人が、そうとは知らずに黒ばかり着ていたとしたら、その人の内外では不協和音が鳴り続け、ストレスがたまり、疲れやすくなり、シミやしわが出やすくなって、見た目にも老け込んでしまうのです。

ですから、黒が似合わない人にとって、ここはハズしたい、恋人と別れたい、孤独に浸りたいというときに、これほどぴったりな色の選択はありません。

何しろ、黒のエネルギーがすべての光を遮断し、その人らしい輝きを奪い、とても老けて、やつれて見えるのですから。変な話、そういう人は、お葬式のとき、ただ黒を着るだけで、見ている人が辛くなるようなイメージをつくり、深い悲しみを表現できてしまうのです。

もしあなたが十代や二十代前半だったら、黒を着て大人っぽく見えるように演出するのも一案かもしれません。しかし、三十代以上の人にとっては、確実に老けて見える印象を与えているということになります。

あなたのまわりにもいませんか？　せっかく黒のスーツでバッチリ決めているのに、なんとなく地味で冴えない印象の人が。そういう人は、きっと黒が好きなのですが、似合う色合いの方向性を間違っているために、見た目で損をしてしまっているのです。

また、仕事ができるように見せたくて、自分にはない要素である〝キャリアウーマン風〟にしていくことで、逆効果になってしまっている人もいます。本当はプリティー系が似合うのに、その人の可愛らしさが消失し、黒に着られてしまっているというか、残念ながら、どう見ても頼りなくて、無理に背伸びしているようにしか見えない人がいるのです。しかも、本人はそれに気づいていない…。

そこに主観と客観の〝ギャップ〟があるのです。傍から見ると、同じスーツでも暖色系の色を着たほうが、肌が輝いて元気に見える分、よほど仕事もできそうに見えるのに、本人は、黒＝キャリアという一般的な観念に自分を当てはめて、大真面目に黒を着ている。そこに、自分のモノサシがあれば、選ぶ色は違ってくるはずです。

たくさんのファッション誌を読んで、今年の流行はこう、脚を長くきれいに見せる方法はこう、大人っぽく見せるならこうと、頭ではわかったつもりになっていても、色の力はもちろんのこと、本当の自分を知らないばかりに知識が空回りして、肝心の自分のファッションに生かせていないという人は、思った以上に大勢いるのです。

ついでに言えば、モノトーンのカフェやバーは、その空間にいるだけで孤独感が募るという心理的作用を持っています。ただ、ビジネスパーソンにとっては、その孤独感がかえって「仕事がはかどる」スペースになることもあります。

よく、ビジネスパーソンがノートPCに向かって集中して仕事をしているシーンを見かけますが、ファストフード店のような明るくあたたかみのある色使いの店では、一人の作業に集中しにくいのです。人は無意識のうちにシチュエーションで環境を使い分けているのですね。

第3章

“色”を武器として積極的に使う方法

色彩心理学の知識を活用しよう！

前章のマジックカラー診断で自分にベストマッチするマジックカラーグループを見つけたあなたは、自分に似合うカラー群の中なら、赤も、青も、黄色も、紫も、ピンクも、緑も、自信を持って楽しむことができます。（あなたのマジックカラーはＰ１６４〜１６７を参照してください）

それらは**どの色を組み合わせても、調和し合って引き立て合う色合い**です。ですから、そのカラー群の中から選べば、どんなアイテムを組み合わせてもしっくり溶け込み、すべてのコーディネートがおしゃれに決まるといった、魔法のようなことが起きてしまいます。もっといえば、好きな色をぜ〜んぶ詰め込んでも、「着こなしている」自分に出会うことができます。

つまり、もう「このパンツにはこのブラウスとジャケット」とか、「このシャツにはこのアクセサリー」といった、**固定したコーディネートに縛られることがなくなり、自由自在にファッションを楽しめるようになる**のです。

自分に似合う色がわかったら、さらに挑戦してみてほしいのが、色彩心理学の知識を活用するということです。まず、みなさんに、色彩がどれほど人間の心と影響を与えあっているかを感じていただきたいと思います。巻頭カラーページの「色彩心理で読み解くあなた01・02」をぜひやってみてください。あなたの潜在的な心理状態がわかります。

びっくりするくらい自分のことを言い当てるような結果ではありませんでしたか？えっ、あまりぴんとこなかった⁉ その人は、もしかしたら自分のことがよくわかっていなかったのかもしれません。自分の家族や親しい友人と一緒にこの心理テストをしてみると、相手の結果に思いっきりうなずいている、もしくは相手があなたの結果に思いっきりうなずいているといったことが起きると思います。

この心理テストで実感していただいたように、私たちは服の色に反応して、色合いとして認識すると同時に、心理的なイメージや意味も想起しているということがおわかりいただけたことと思います。

色の使い方①
色を使ってメッセージを送る

このような、色それぞれが持つ心理的なメッセージを活用しない手はありません。この知識を使うと、**着る服の色で、簡単に相手にメッセージを送ることができる**ようになります。

色の持つメッセージとして、全般的には、次のような心理効果があります。

赤

赤は情熱、活気、興奮、怒りの色。会議に活気がないときは、赤を着て行けばやる気の雰囲気が生まれます。選挙活動で、赤のネクタイをして熱弁をふるっている候補者の姿を見かけますが、まわりに対してやる気をアピールするための常套手段として使われることの多い色です。

また、**赤は相手を怒らせる色でもあります。**離婚裁判など、精神的にも怒りのエネルギーが爆発しているときに赤を身につけてしまうと、余計に相手を怒らせる結果にもなってしまいます。その反対で、結婚式の二次会などで、情熱的な女性を演じたいなら、赤のドレスも効果的だと思います。

オレンジ

オレンジは創造性をかきたてる色。自由で、枠にはまらない考え方やアイデアを示したいときにオレンジを着て行くと、「それ、いいんじゃない?」と好意的に受け止められます。しかし、束縛を嫌い、個性を主張する色なので、オレンジばかり着ているとわがままに見られることもあります。プラスのイメージでは**「陽気で元気」**、マイナスのイメージでは**「あわただしくてうるさい」**と見られます。

黄色

黄色は笑い、好奇心、知的欲求、明るくてワクワクした色です。元気がない、やる気がしないなど脱力状態のときに黄色を着ると、元気になれます。

この**黄色とオレンジの共通点は、人に元気を与えること**です。仲間と旅行に行くときに黄色やオレンジを着て行くと、みんなでワイワイ楽しい時間が過ごせます。また、お見舞いのときは、相手に元気さや希望をさりげなくメッセージを送る黄色やオレンジを取り入れた花束を持参すると、とても喜ばれます。

ただし、深刻な病気を抱える相手に対して黄色やオレンジの服を着て行くと、元気さがまぶしすぎて、かえって相手にストレスを感じさせることになりますので、その場合は、あくまで花でメッセージを伝え、自分はさりげない落ち着きを表す茶系、ベージュ、薄い水色やグリーンなどを着て行くことをおすすめします。

緑

緑は癒やしの色。そして、調和、公平、バランス、再生、満足という意味を持っています。自分だけよければいいというのではなく、**自分もまわりも幸せにしたいと願う色**です。ですから、緑を着ていると、自分もゆったりリラックスできますが、同時に人を優しく包み込むことができます。悩んだり落ち込んだりしている人に、緑色の服を着て「元気を出してね」と言ってあげると、とても効果があります。

ピンク

ピンクも人に癒やしを与えるという意味で、緑のメッセージと似ています。女性が着ると、女性ホルモンを活性化させ、人を慈しみ包み込むような雰囲気が表れますし、男性がピンクを着ると、とても優しい人に見えます。

女性ホルモンは若返り効果もあるといわれていますから、毎晩ピンクのパジャマを着て、夜寝ている間、自分のために女性ホルモンを活性化させるというのも効果的だと思います。ピンクで気をつけていただきたいのは、クール系の人は青みのあるピンク、ウォーム系の人はオレンジがかったサーモンピンクを選ぶことです。ピンクは、自分に似合うピンクにしないと逆に疲れてしまいます。

青

青は冷静沈着、平和的、誠実、思いやりがある、まじめなど、「人としてこうありたい」と思わせる要素を持ち合わせた色です。ただし、青ばかり着ていると思慮深すぎたり、不安がある人に見えたりという欠点も出てきます。しかし、ほとんどの場合は、効果的に使うことで真価を発揮する色です。たとえば、保険の外交に行ったとして、最初は黄色やオレンジでコミュニケーションを図り、緑の癒やしで包み込む時期を経て、契約時には、青で冷静なミスのない人として書類を整える。そんな風に青を使うと、相手も気持ちよくサインしてくれるかもしれません。

人前に立ってスピーチをしなければならないようなとき、**あがり症の人は青を身につけると精神的に落ち着きます。**青はのどを活性化する色ともいわれていますので、ターコイズの石やアクセサリーを一つ、バッグに入れておくと便利だと思います。花嫁が、青のアイテムを一つもっていると幸せになれるというおまじないもあります。また、女性性と男性性のバランスがとれた色合いなので、女性が着ると「クールで仕事のできる人」という印象を持たせることができます。

紺・藍色

青よりもっと濃い、紺や藍色になると、理性や冷静を通りすぎて、一人で物思いにふける、やや内向的なイメージが出てきます。「今日は、自分は発言しないで、みんなの意見を聞いて考えをまとめたい」というときに紺を着て行くと、不思議と意見を求められなかったりします。反面、勘が鋭く、創造性が出てくるので、一人の世界に入って書き仕事をすると、自分でも驚くようないい文章を書けることがあります。

紫

紫も、何かに集中したい、うわべだけでなく本質を見極めたい、豊かな発想で物事を対処したいというときに効果を発揮する色です。また、高貴さやカリスマ性、スター性を感じさせる色ですので、リーダー役を務めるときや、場をコントロールしたいときにもおすすめです。ただし、紫を多用すると精神性ばかりに気がいってしまう場合があるので注意も必要です。

白と黒

白と黒は、すべての色が混ざり合っています。白の場合は、太陽光線と同じように7つの色の光を全部合わせると白に、反対に、黒の場合は、7つの絵の具を全部合わせると黒になりますので、ある意味ですべての色のメッセージを持っているといえます。

白のメッセージには、調和、統合、バランス感覚、ピュア、潔さなどがあり、結婚式のウエディングドレスに象徴されるような純粋さがある一方、きっぱり別れたいというときの心情を表すときもぴったりの色だといえます。また、白紙に戻してもう一度やり直したいというときにもおすすめです。

黒には悲しみ、厳粛、罪、こだわりといったメッセージがあります。喪に服するという場合もそうですが、黒を着ていると自分もまわりも悲しくなってきますので、別れの場に黒を着て行くと、未練が残っていると相手に思われることがあります。一方、黒はすべての色のエネルギーが混ざっているわけですから、うまく使えば何事にもこだわりがあり、一生懸命やっているイメージを出すこともできます。

さあ、あなたは、誰に、どんなメッセージを伝えたいですか?

※ここでは一般的な「色」で表していますので、厳密には先ほどのマジックカラー診断で導かれた自分のカラー群の中から、近い色合いの色を選んで活用してみてください。

色の使い方②
色の伝達力を使ってビジネスで結果を出す

「色からのメッセージ」の応用として、ビジネスシーンでの色の使い方に絞って、もう少し詳しくお話しておきます。

ビジネスシーンにおける服装は、その職種によってもさまざまでしょうし、立場によっても違ってくると思いますが、スーツ、ワンピース、トップス、ボトムスなど、面積の大きなアイテムばかりでなく、靴やバッグ、インナー、アクセサリーといったポイントで使っても十分にメッセージを表現できると思います。

赤は、積極性、やる気、情熱、自信を醸し出す色です。

着ているだけでアドレナリンが増し、自然とやる気が出てくるという肉体に与える影響もあります。積極性、自信をアピールするときに頼りになる色なので、大事な会議やプレゼンテーション、プロジェクト立ち上げのときなどにもおすすめです。

黄色は、明るく、のびのびした陽気な社交性を醸し出す色です。

イキイキとして前向きな印象を与え、人の心を開く作用があるので、新規営業など、初めての相手と対するときに効果的です。また、黄色は、相手が「この人を助けてあげたい」という気持ちにさせる色なので、何かを依頼するとき、お願いを聞いてもらいたいときにもおすすめです。脳細胞が活発化し、頭の回転がよくなるというおまけつきです。

青は、理性的で、落ち着き、聡明さ、信頼感を醸し出す色です。

青を着ていると、精神が安定し、人間がリラックスしているときにのみ大脳から出るといわれる脳波の一種、アルファ波が出やすくなるので、緊張をほぐしたい、冷静に判断したいというときにおすすめです。相手から「この人なら信用できる」と思われる確率も高く、「今日は契約を決めたい！」というときにはもってこいの色でしょう。

オレンジは、社交的で、信頼感やあたたかさを醸し出す色です。

着ているあなたも気持ちが明るくなり、食欲がないときなども、オレンジを着ていると、不思議と食欲がわいてきます。時間の長さを感じさせない（短時間でもゆっくり話した気になる）効果があるので、相手にも安心感を与え、お得意様への営業に着ていくと、親しくなること請け合いです。

緑は、穏やかさ、親切さ、共感性の高さを醸し出す色です。

人を癒やし、元気にさせる力を持つので、熱くなりがちな会議の雰囲気を和らげたいとき、相手のストレスを軽減させたいとき、誰かを諭すときなどに着ていくと効果的です。また、筋肉がリラックスし、頭痛が軽減されるなどの効果がありますので、ちょっと体が疲れているな、しんどいなと思うときに着ると、自分自身も癒やされます。

黒は、少々威圧的ですが、力強く、センスのよさ、高級感を醸し出す色です。

こだわりある人に見せたい、特別感を演出したいというときにはぴったりの色。寡黙な人が黒でビシッと決めるとそれだけで重みや凄みが出るので、まとまりのない現場をまとめたいとき、言葉が少なくても場の雰囲気が引き締まります。また、相手に対する礼節や厳粛さも演出できるので、目上の人と仕事をするときや大事な取引先への営業にもおすすめです。

これまで、ビジネスは外見より中身で勝負！　と思っていた人も多いでしょう。いま一つ信用がない、相手に飲まれてしまう、など、自分に対してもどかしさを感じつつも、一生懸命、まじめに接してさえいれば、いつかきっとわかってもらえる…と考える人は大勢います。

でも、外側の見せ方によって、人間的な見え方が変わるのです。選ぶ服に無頓着な人は、自らを「無頓着」と言っているのと同じで、裏を返せば、仕事先で会う相手のこともその程度だと思っている態度だと受けとられてしまいます。

色彩心理学に基づいた色の効果を活用することで、自分の気持ちを高めるだけでなく、相手の気持ちにもよい影響を与えることができるとしたら、そのテクニックを使わない手はないはずです。

もちろん、色だけでなく、スーツがきちんとプレスされていること、シャツの袖がきれいなこと、靴が磨かれていることなど、**ビジネスパーソンとしての最低必要なマナーも大切**です。とりわけ、手汗で持ち手が変色しているようなビジネスバッグなど持っていたら、せっかくの演出効果も台無し！　特に、異性の目は思わぬところに注がれているということをお忘れなく。

いずれにせよ、「**ビジネスで結果を出したい**」と思うなら、それほどお金がかかることでもないのですから、やってみて損はありません。

営業成績を上げたい、上司に好かれたい、好感度を上げたい…と、思う自分を的確に表現するために、言葉の何倍もの伝達力を発揮する色の力を借りて、厳しいビジネス界の波をうまく乗り切る。それも、現代ビジネスパーソンの知恵の一つだと思います。

色の使い方③
色いろいろの法則

もう一つ、やってみてほしいのは、**毎日違う色を着る**ことです。

色にはそれぞれプラスのイメージとマイナスのイメージがあり、大脳生理学の実験で、**人間は一つの色を見続けると、マイナスの感情がわきおこってしまう**という実験結果がありました。

たとえば、黒ばかり着ていると、暗くて陰鬱に見えてしまったり、赤ばかり着ていると、情熱過多でうっとうしく思えてしまったり、茶色ばかり着ていると、地味で平凡な人だと判断されてしまったりするのです。

実際に、こんな人がいました。

Ｂさんは、「ビビッド・ウィンター」といって、コントラストの強い、派手な青みの色が似合う人なのですが、会社のイベントやプレゼンテーション、合コンなど、ことあるごとに鮮やかな赤をコーディネートに取り入れていたところ、なぜか、社内で衝突することが多くなってしまったそうです。

赤のプラスのイメージは、「情熱」「愛情」ですから、初めのうちは、Ｂさんの提案した企画が満場一致で決まったり、男性からもちやほやされることが多かったのですが、だんだん「危険」「闘争」といったマイナスのイメージで捉えられることが多くなり、会議でＢさんが話しはじめた途端、険悪なムードになったり、上司にわざと企画を潰されたりということがたびたび起こるようになってしまったのです。

また、合コンでも、いつも仕切り役をやらされるようになり、自分の恋はちっとも実らず、なぜか恋のキューピット役が板についてしまったといいます。こんなふうに、同じ色を着続けることによって、知らず知らずのうちに、「自分のキャラクター」がつくり上げられているとしたら…？　そう考えると、色が相手に及ぼす影響がいかに大きいかがおわかりいただけると思います。

男性でありがちなのが、毎日同じような「紺色のネクタイばっかり」の人。第一印象で感じていた「誠実で冷静」というプラスのイメージが、見続けると、「冷淡で自信家」

という、マイナスのイメージに移行してしまうのです。それでも紺色を続けていると、「人間として面白みがない」というありがたくないイメージが定着してしまう場合もあります。そうなると、仕事面ばかりか、人間関係にも支障をきたす可能性だってあるのです。

でも、今からでもちっとも遅くありません。あなたがたとえ会社員だとしても、**毎日違う色を身につければ、いつもプラスのイメージのままでいられます**し、手帳にその日着た色をメモしておけば、週に1回は必ず会う、月に1度は定期的に会うといった相手に対して、つねにフレッシュな印象を与えることができます。

これを私は、**「色いろいろの法則」**と呼んでいます。

月曜日は元気はつらつ、火曜日は沈着冷静、水曜日は穏やかで朗らか、木曜日は感性豊か、金曜日は楽天的、土日は甘えん坊で家庭的…!?

人間関係って、結局、「あの人といるといつも新鮮だから、もっと付き合いたい」というところがあって、イメージが固定してしまうと人間的魅力も半減すると思いませんか? 仕事も、**人間関係もうまくいく秘訣は、〝いつもフレッシュな自分〟でいること。**

できればそこで、今日会う人、仕事の内容、シチュエーションに合った色を選べるようになれば、色の力を借りて、さらに魅力的なあなたを演出することができるのです。

「色からのメッセージ」を参考に、ぜひ、みなさんも、「色いろいろの法則」を楽しん

色からのメッセージ

	プラスのイメージ		マイナスのイメージ	
青	理性	平和	冷淡	自信過剰
紫	高貴	神秘	夢想	狂気
グレー	無難	落ち着き	不毛	敗北
白	純潔	フォーマル	冷酷	寒々しい
黒	静寂	厳粛	罪悪	悲哀
赤	情熱	愛情	危険	闘争
ピンク	温和	優美	優柔不断	幼稚
茶	安全	無難	几帳面	鈍重
オレンジ	陽気	温情	注意	騒々しい
黄	希望	明朗	野心	横暴
緑	平和	成長	呑気	怠惰

でいただきたいと思います。

色の使い方④
色は顔まわりが攻め際

自分の色合いを知ると、毎日のあなたの心も虹色に輝きはじめます。色の楽しさがわかると、あれもこれもと、いろいろな色を着たくなってしまうはずです。これは、マジックカラーを知ったほぼ100%の方が感じることだと思います。

そこでもう一つ実践してほしいのは、「**顔に一番近い色をもっとも大切にする**」ということです。

女性にとっては、インナーで着るタンクトップやハイネックシャツ、ストール、ピアス、ネックレス、ヘアアクセサリーなどがそれに当たります。また、男性にとってはネクタイ、シャツの襟、マフラー、メガネなどが特に大切になります。

なぜ、顔に一番近い色が大切かというと、**肌の色、目の色、髪の色、唇の色、頬の色など、体全体の中で一番色が集中しているのは「顔」**で、その顔のまわりに、少しの分量でも調和の取れない色を持ってきてしまうと、途端にガチャガチャとした不協和音が鳴り出すからなのです。

たとえば、「クール・サマー」の青みのとても強い人が、ブルー系のワンピースに、「クール・サマー」の苦手な黄色みの強いレンガ色のストールを巻いていたとしたら、首元の似合わないカラーによって、せっかくのブルーのワンピースが色の力を発揮できないどころか、顔色をくすませ、老けて冴えない印象に変えてしまうのです。大事なシーンで、それが運やツキを下げることにもなりかねません。

今は、サングラスや帽子なども含めて、顔まわりのオシャレがファッションキーワードにもなっていますが、だからこそ余計に、ピンポイントで自分の色を外すと、一気にバランス調和を崩してしまうのです。

特に、チュニックやワンピースから少しだけ黒のタンクトップをのぞかせて…という人をよく見かけますが、実は、黒のまったく似合わない人がそれをやってしまうと、それだけでも魅力がガタ落ちしてしまいますので、ご注意ください。

つまり、全体の色合いももちろん大切なのですが、**顔映りに一番影響を受ける顔まわりが攻め際**で、そこのポイントを外さないということが重要なのです。

ちなみに、「ビビッド・スプリング」「ビビッド・ウィンター」「クール・ウィンター」「ダーク・ウィンター」「ダーク・オータム」の5タイプは黒が似合います。

色の使い方⑤

小物やヘアカラーで効果的に自分を表現する

反対に、**顔まわりを上手に攻めると、本当に輝きが際立ちます。**サングラスは、普通にかけるだけでなく、カチューシャのようにヘアアクセサリー使いにすればグッと洗練された印象になり、「記憶に残る人」になりますし、年齢を重ね、ジュエリーで輝きを増したいという人は、イヤリングやピアスをするだけでも若々しさと華やぎが加わります。

カラーストーンは、次に挙げるものを参考にしてください。

「スプリング」と「オータム」（ゴールドタイプ）

ゴールドパール、珊瑚《さんご》、琥珀《こはく》、翡翠《ひすい》、ペリドット、シトリン、オレンジムーンストーン、ターコイズ、スモーキークウォーツ、アゲイトなど、黄〜オレンジ系の色味の強いカラーストーン。白真珠も黄みの強い色がおすすめ。地金の色はゴールド色が基本。

「サマー」と「ウィンター」（シルバータイプ）

ホワイトパール、グレーパール、ダイヤモンド、白水晶、ルビー、アメジスト、ローズクウォーツ、サファイア、アクアマリン、オニキスなど、青～紫系の色味が強いカラーストーン。地金の色はシルバー色がベスト。ただし、ゴールドでもほんのりピンクの色味を感じるピンクゴールドなら、肌なじみがいいのでおすすめ。

それから、**ヘアカラーももちろん重要です**。「サマー」と「ウィンター」の人は、ダークブラウン系や、アッシュブラウン系、「スプリング」と「オータム」の人は、レッドブラウン系、ゴールデンブラウン系などがおすすめです。

ご参考までに、「サマー」と「ウィンター」の人は、白髪はそのままでも、あなた次第です。また、「スプリング」と「オータム」の人は、全体が白髪になるまでは白髪をカバーした方が、色合い的には美しさを保つことができます。

「色」というと、どうしても服の色だけに目がいきがちですが、ファッション小物やアクセサリー、靴、バッグ、ベルト、時計などもこれを機会にすっきり整理して、あなたのマジックカラーによるトータルコーディネートを楽しんでみてはいかがでしょうか。

色の使い方⑥
覚えておくと便利！「誰にでも似合う究極の色」

色の理論がわかったばかりの頃はまだ練習段階なので、あれこれ試して着ることも多いと思いますが、だんだんと「これは似合う」「これは似合わない」という判断基準が、まわりのリアクションによって察しがつくようになります（たとえば、全体の雰囲気をほめられたら「似合っている」、アイテムだけをほめられたら「似合っていない」というように）。そして、**リアクションをしてくれた相手は、自分のことを客観的に見てくれるアドバイザーだ**ということにも気づきはじめます。

ところが、数ある色の中には、4分類法も、12分類法も超越した、とにかく**全員が似合ってしまうという究極の色**もあります。

今日だけは絶対にハズシたくない！　というときに、覚えておくと便利な色とは、**「ミントグリーン」「エメラルドグリーン」「グレイッシュ（グレーがかった）ベージュ」「グレイッシュブラウン」**の4色（巻頭カラーの最終ページ参照）です。きっと、これを知っていれば何かのときに役立つと思います。

それにしても、茶系やグレー系なら、無難な色だから、誰にでも似合いそうだ…と想像もつきますが、「ミントグリーン」「エメラルドグリーン」のような個性の強そうな色がなぜ？　と思うかもしれません。

でも、「ミントグリーン」「エメラルドグリーン」は、実は、青みと黄みの中間、ちょうど境目に当たる色なのです。ですから、ブルーベースの人にも、イエローベースの人にも違和感なく似合うのです。

一見、派手で強い色のように感じるかもしれませんが、ワンピースでコーディネートの主役として取り入れても、柄模様の一部、ジャケットの下に着るタンクトップ、バッグ、アクセサリーなど、差し色としてワンポイント入れるだけでもあなたを引き立ててくれる万能カラーです。ショップなどであまり多く出回ってはいませんが、見つけたらぜひ鏡の前で当てて、チェックしてみてください。

ちなみに、「グレイッシュブラウン」で、誰もが知っている代表的ブランドがあるのですが、何だかわかりますか？

それは、かの有名な「ルイ・ヴィトン」。モノグラムを持っている方は確かめていただきたいのですが、あの「ヴィトンカラー」をよく見ると、茶とグレーの中間色なんですね。つまり、「ルイ・ヴィトン」の上品でオシャレな色＝「誰にでも似合う茶色」だったというわけです。

別の言い方をすれば、ある意味、誰にでも似合う色だからこそ、着るファッションを選ばず、年齢も選ばず、あそこまで人気の高いブランドになったということでしょう。
そう考えると、「ルイ・ヴィトン」のブランディングはすごい！　と言うこともできると思います。

色の使い方⑦
気持ちと体調を整える「色」のテクニック

「色」は心と体にも大きく影響を与えることがあります。

人間の体は認識によって反応するといわれますが、たとえば、ちょっと寒気がして体温を測ってみると37度5分あったとします。それを見た途端、体調がガクンと悪くなるとか、「あの人と話すのはどうも苦手だ」と意識すると、なぜか体が緊張して声がうわずってしまうとか、認識をしただけで、体の状態が変化してしまうのです。

でも、実はこのことがわかると、人間が自分の体をコントロールするのは、そんなに難しいことではないということにも気づけます。

つまり、**意識して色の力を使うことで、体をコントロール**することができるのです。

また、**色の力によって心もコントロールすることができます**。そして、**無意識に選ぶ色によって、自分の心理状態や体調もわかります**。

たとえば、冬の肌寒い日に、風邪を引きたくないなと思ったら、赤い服を身につけます。そうすると、体の内部がちょっと温まって、1度くらい体温が上がった感じがします。また、夏の暑い日に外出するときは、ブルー系の服を着て体温を下げます。これは、科学的根拠のある肉体に働きかける色の機能を利用しているのですが、同時に、「赤を着ていれば体が温まる」と認識しているから、本当に体がポカポカしてくるのです。

それと同じで、「今日は何だか気が重いな。でも、人と会うから元気を出さなくちゃ」と思ったら、鮮やかな色を着て「強さ」を身にまとうか、軽くて明るいトーンの暖色系を着て、自分の気持ちを持ち上げることができます。これも、「うん、顔が引き締まって見える」「頰に赤みがさして、顔が持ち上がって見える」と、鏡を見ながら色の作用を認識することで、多少の疲れはカバーできますし、少しくらい落ち込んでいたとしても、背筋がすっと伸びるように、気持ちが前向きに変わるのです。

反対に、「すごく元気いっぱいなんだけど、自分を落ち着かせたい」と思えば、ブルーやグリーン系のちょっと濁った色を着ます。すると、振る舞いもおとなしくなるのです。たとえば、義理で出席しなければならない苦手な集まりで、「目立たず後ろの席に座っていよう」と思うとき、私は地味に落ち着いて見せるために、わざと似合う色を外したりもします（笑）。**色を使い分けることで、自分にも、他人にも、暗示をかけることができる**のです。

ところが、いくら色のテクニックを使いたくても、「今日はどうしてもこの色じゃないとダメ」と思うこともあります。そういうときは、本当に疲れているか悲観的になっているのか、どちらかかもしれません。

色というのは自分を映す鏡のようなもので、無意識に選ぶ色が自分の体調や心を知るバロメーターにもなるのです。

先日も、いつも元気で、鮮やかな色を好んで着ている女性が、珍しく深いグレーを着ているのを見て、「どうしたのかな？ 何かあったのかな？」と思って声をかけてみると、案の定、「もっと明るい色を着たほうが気持ちも華やぐと、頭ではわかっているんだけど、最近、忙しすぎて、明るい色がまぶしく感じちゃうの」と。そのときの彼女は、よほど疲れていたのでしょう。

軽い疲れなら、自分が色のエネルギーをもらって元気になろうとも思えるのですが、元気に見られることすら辛い、「大丈夫？ ここは私がやっておくから休んだら？」と言ってもらいたい…。そんなときは、肌が色の強い刺激を受けることを拒否している＝体から「休め」のサインが出ているのだと受け止めて、強制的にでも休みを取ったほうが健康のためにも本当はいいのです。

色の力を知ると、色がそうした自分の〝ブレ〟に気づく尺度にもなるということです。その上で、まずは自分が正直になって、体からのメッセージ＝着たい色を手に取ってみる。自分を鼓舞する色に変更するか、「今日はやっぱりこれ」と思うかを決めればいいのです。

大切なのは、心を含めた「体と色」が一致していること。体と色が一致していれば、自由に自己表現することもできますし、健康も手に入るのです。

それでいて、あなたを魅力的に見せてくれるのですから、こんなラクで楽しい方法は他にはありません。

色の使い方⑧
カラー呼吸法

この章の最後に、身につけるだけではない色の活用法についてお話しします。

それは、「この場をこうしたい」と思う自分の心と一番近い色をイメージしながら呼吸する、簡単な瞑想といえるもので、**カラーブリージング**とも呼ばれています。

カラーブリージングは、『美しくなるカラーブリージング〜美容と若返りと健康を実現する色の呼吸法〜』（中央アート出版社刊／リンダ・クラーク、イボンヌ・マーティン共著）という本にもなっています。著者の一人であるイボンヌさんは、「美と若さ」を熱心に探求し続けた結果、**〝ピンクカラーブリージング〟**という呼吸法と出会い、毎日10分間行ったことで、五十代だった体が、9カ月後にはシワも目元のたるみも取れ、体形も変化し、三十代に見えるまでになったそうです。

やり方を説明しましょう。

①リラックスできる姿勢で座り、背筋を軽く伸ばして目を閉じます。
②心が落ち着いたら、吐く息とともに、悪いエネルギーが体の外へ出ていくのをイメージします。
③次に、ピンクのエネルギーが呼吸とともに入り、体内を満たすイメージを思い描きます。
④最後に、呼吸を止め、全身がピンクのエネルギーに包まれ、すっかり若返った自分をイメージします。

私も、このやり方を知ってから、自分なりの方法でカラーブリージングを始めたところ、自分を癒やしたり、励ましたりするだけでなく、相手にもいい影響を与えることがわかりました。

たとえば、気分が落ち込んでいるときは、先ほどのやり方で赤やオレンジをイメージして呼吸するだけで元気とやる気が高まりますし、個人カウンセリングで相手の緊張をほぐしたいときは、紺色を思い浮かべながら海の中にいる自分をイメージして呼吸すれば、相手の気持ちも落ち着きます。

部下に対して怒りが収まらないときは青、誰かと仲直りしたいときはピンク、これからケンカの仲裁をするときは緑など、みなさんも前出の「**色からのメッセージ**」を参考に、カラー呼吸法を試してみてください。

ポイントは、ただ色をイメージするだけでなく、具体的なものを思い出すことです。緑なら、朝露をたたえた若葉、しっとりと美しい苔、田園風景、芝生、深い森、みずみずしいキュウリ、色鮮やかなピーマン、生い茂ったミントハーブなど、緑色のものをたくさん思い浮かべて、最後は自分のまわりが緑に染まっていくようにイメージすると、簡単に緑のエネルギーをまとうことができます。

そして、緑の穏やかなオーラに包まれ、調和の気持ちで人と接すると、自分も相手も不思議と癒やされるのです。

カラーブリージングは科学で証明されているわけではありませんが、先ほど述べた色の光線が肉体に作用する医学的見地や、色の持つ波長の長さの違いを脳が色として感じていることを踏まえれば、十分にその効果はあるのではないかと思います。

コラム2　赤ちゃんは、産着の色を間違えると泣く

色は光エネルギーの一部だと言いましたが、私の体験だけでなく、色が体に影響を与えることは昔から知られています。

たとえば赤は、血のめぐりをよくしたり、冷えを予防したり、婦人病や皮膚病によいとされ、浮世絵の女性がまとう着物の内から大胆にのぞく、艶やかな紅色の襦袢、赤の下着、還暦祝いに贈られる赤いベストなど、病気を防ぐ最大の効果がある色として重宝されてきました。

また、紫の染料で染めた布には薬効があるとして、歌舞伎や時代劇でお殿様が紫の鉢巻きを巻いているように、患部に紫の布を巻くこともあったようです。

エジプトでは、紀元前1500年頃から色を使った治療が行われていたといいますが、現代医学、特にアメリカやヨーロッパでは、実際に色彩治療というものが取り入れられています。青・緑・黄・オレンジ・赤など、さまざまな波長の光を当てると、筋肉が緊張したり弛緩したりするという筋肉の性質を利用し、色の光線を患部に照射する治療が行われているそうです。

肉体に働きかける色の機能の発見は、この色が好き、嫌いといった心理的な条件や感情とは関係なく、体に影響を与えることを証明した点で、非常に大きな意味があるといえます。しかも、視力があるなしにかかわらず、同じような反応が起こるのです。これは、光がほとんど入ってこない状態で、赤い部屋と青い部屋に入った場合、同じ時間しか経っていないのに、赤い部屋にいる時間のほうが長く感じ、青い部屋のほうが短く感じるという、感覚への影響を実験した結果からも見てとれます。

つまり、**私たち人間は、たとえ見えていなくても無意識に全身で色を感じ、影響を受けているの**です。

身につけるものでいえば、皮膚で色を感じているということです。体の上にまとう服の色の波長と、あなたの目の色・肌の色・髪の色の特徴から導き出されるあなた固有の波長とが共振共鳴しているときは、エネルギーが大きくきれいな波形を描き、体調も安定しますし、その反対で、波長が合わず、お互いの波長をつぶし合い、乱れたエネルギーの波形を描けば、体調不良を起こす可能性もあります。同じ赤を着るのでも、燃えるような朱赤の服を選ぶか、青みの強いワインレッドのような色の服を選ぶかで、体調に与える影響も変化するのです。

これは赤ちゃんでも同じです。生まれたばかりの赤ちゃんは、まだ目が見えません。しかし、**赤ちゃんも皮膚から色を感じているので、産着の色が赤ちゃんの波長と調和しなければ泣き出してしまうのです。**おそらく不快感や痛みのような感覚が、皮膚感覚としてあるのだろうと思われます。

その代わり、調和する色の産着を着せると、途端に機嫌がよくなります。では、どんな色を選んだらいいかということですが、生まれたばかりの赤ちゃんの場合は、まだマジックカラーがはっきり決められません。ですから、できるだけ原色を避けます。色の刺激が強すぎるものはストレスを与える可能性が高いので、白っぽく柔らかい色、淡いパステルカラーを選ぶのが無難だといえます。

第４章

外見力が
10倍アップする！
カタチの法則

あなたは色に惹かれるタイプ？　それともカタチに惹かれるタイプ？

ここまで、似合う色とその活用法について述べてきましたが、色と同じように、**私たちには似合うカタチ（スタイル）というものがあります。**

まず、簡単な心理テストをしてみましょう。

巻頭カラーの最終ページを参照し、上段の赤い丸と同じだと思うものを下段の3つの中から選んでください。

これは、とても単純なテストですが、人間の心理は、「色に惹かれる人」と「カタチに惹かれる人」の大きく2つに分類されます。一般に、**色に惹かれる人は、「感情的・衝動的・外交的」な傾向**があり、**カタチに惹かれる人は、「論理的・理性的・内向的」な傾向がある**といわれています。

たぶん、みなさんは、このテストで色を優先するかカタチを優先するかで、大いに迷われたのではないでしょうか？　これまでの調査では、色を優先した人が全体の約6割、カタチを優先した人は約4割でした。しかし、その結果についてここで論じるわけではありません。理解していただきたいのは、私たちにとっては色もカタチも両方重要で、切っても切れない関係であるということです。

つまり、**色を味方につけるのと同時に、カタチ（スタイル）も味方につけると、あなたはさらに自由に、あなたらしく輝ける存在になれるのです。**たとえ同じ色の洋服だとしても、カタチが違うと似合わない場合があります。

わかりやすい例で言えば、フリルのついたシルクのブラウス（ソフト系）と、シャツタイプのコットンブラウス（ストレート系）では、似合う人と似合わない人がはっきり分かれるということ。

ストレート系の人がフリルのブラウスを着れば、無理して頑張って着ているような違和感とともに、「自分のことがわかっていない人」として、浮いた存在になってしまいますし、反対に、すっきりしたシャツブラウスを着れば、それがどんなにシンプルな形でもその人らしい魅力が存分に発揮され、ちょっとしたアレンジでフェミニンにもクールにも思いのままの着こなしが楽しめます。さらに、自分の似合うファッションスタイルの軸さえ決まれば、洋服のカタチはもとより、素材感、アクセサリーや小物の形や雰囲気、髪型なども自分にぴったり合うスタイルと傾向がわかってきます。

あなたが選ぶファッション傾向とは？

第2章で、あなたが身につける色には、単純に〝好き・嫌い〟だけでなく、思った以上に深い心理的な作用が働いていると言いましたが、カタチ（ファッションスタイル）においても、その理論がそのまま当てはまります。「自分に似合うカタチ」についても、これまでそれを学ぶ機会は、ほとんどなかったといってもいいでしょう。

ではまず、あなたに似合うカタチを知る前に、**これまでのあなたの選んできたファッションスタイルの傾向**を、次のページでチェックをしてみてください。このチェックでは、あなたが普段身につけているファッションを、どうやって選ぶにいたったかについての深層心理が明らかになります。

ファッションスタイルに対する考え方は大きく5タイプに分けられます。
あなたはどのタイプでしょうか？

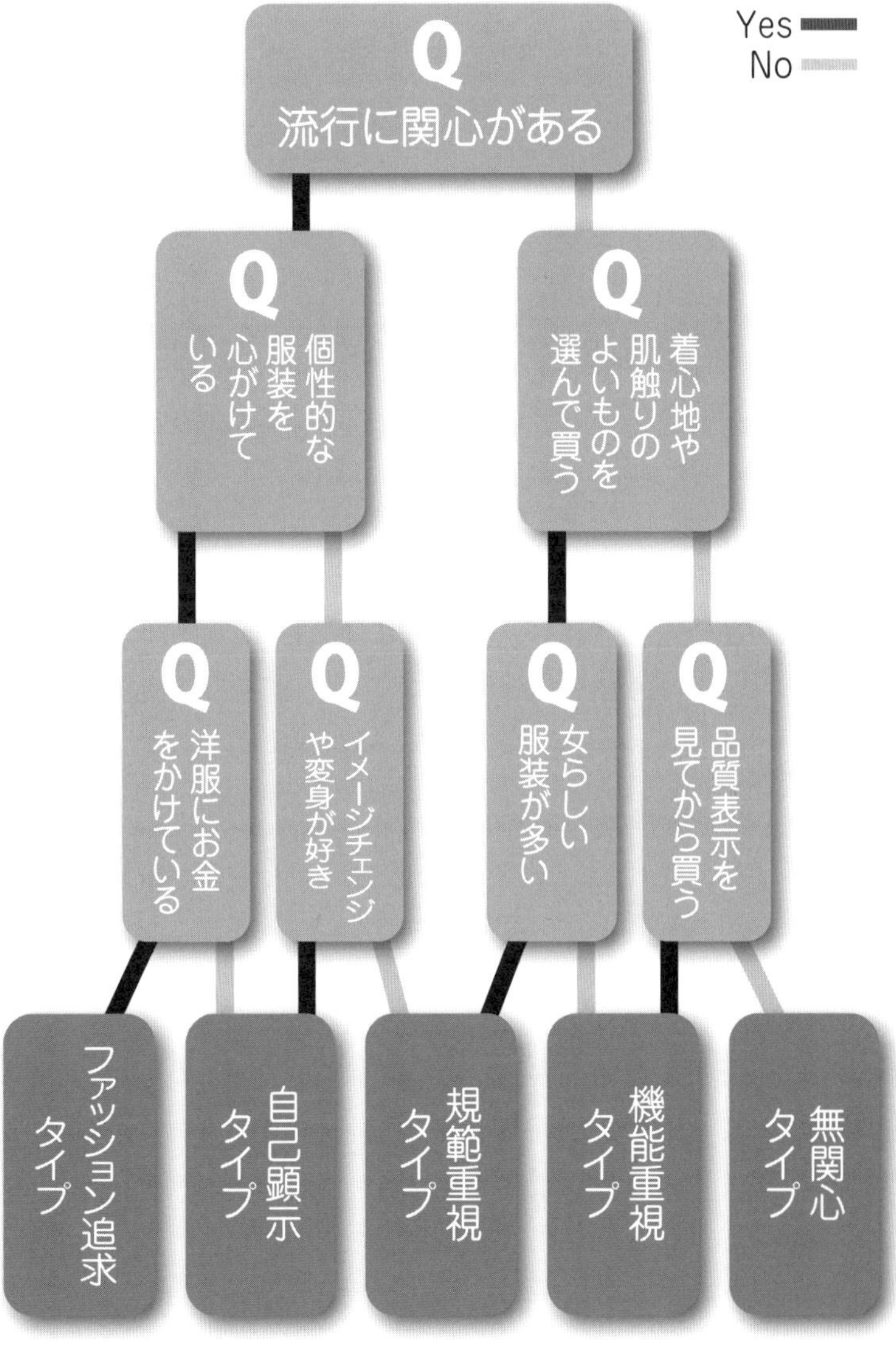
Yes
No
Q 流行に関心がある
Q 個性的な服装を心がけている
Q 着心地や肌触りのよいものを選んで買う
Q 洋服にお金をかけている
Q イメージチェンジや変身が好き
Q 女らしい服装が多い
Q 品質表示を見てから買う
ファッション追求タイプ
自己顕示タイプ
規範重視タイプ
機能重視タイプ
無関心タイプ

☆ファッション追求タイプ

センスや着こなしに自信があり、流行に敏感。おしゃれに関心が高く、お金をかけている。また、新しく個性的なものを好み、変化に富んだ生活がしたいと考えている。友人が多く外出することが好きだが、流行に左右されすぎて自分らしさを見失ってしまい、自分で気づかないうちに損をしている場合がある。

☆自己顕示タイプ

まわりに注目される服装をしたいが、買い物は堅実。買い物をするときは誰かに相談したり、比較検討したうえで納得して買う。安くてもよいから数多く持っていたい。ファッションに興味があるので、自分らしさがはっきりわかれば、賢く買い物をしておしゃれを楽しむことができる。

☆規範重視タイプ

社会的立場にふさわしく女性らしい服装を好む。機能性も重視し、気に入ったものは長く愛用する。伝統やしきたりを重視しながら、堅実さも兼ね備えている。オーソドックスでまじめな印象を持たれてしまう。もっと個性的になりたいと望んでいるがなかなかできない。

☆機能重視タイプ

品質表示を見て、着心地のよいものを着る。服装にはお金をかけず、マイペースで、あまりまわりを意識していない。体によく合って動きやすいものを選ぶ。場にそぐわない格好をしてしまうこともある。「もっとおしゃれを楽しんだら素敵に輝くのに」と、まわりからもったいないと思われている。

☆無関心タイプ

ファッションに対して関心がない。あまりお金もかけたくないし、目立ちたくもない。着心地のよさにもあまり関心がない。他のことに熱中していて、洋服に無頓着な場合もある。ちゃんと勉強してファッションに興味を持ち実践すれば、大変身して自他共にびっくりすることになる。

いかがでしたか？　あなたのファッションスタイルは、**似合っている・似合っていないにかかわらず、それを〝選んでいる〟あなたの心のクセが少なからず反映しています。**

カタチの〝似合う〟がわかるマジックスタイル8分類

まず、ファッションに対する自分の傾向を自覚していただきましたが、ときに、この傾向が強くなりすぎて、あなたが美しくなるのを阻害している場合が結構あります。

これを改善して、自分がより美しく輝いて、運もツキも手に入れるにはどうしたらよいかというと、**カタチも色と同じで、「自分も好きだし、人からも似合うとほめられるファッションアイテム」だけを選んで着る必要がある**ということです。P41の「主観と客観のマトリックス」をもう一度見てください。繰り返して言いますが、「まわりからは評価されない自己中心的なファッション」も「ほめられても自分の心はもやもやしている他者依存的なファッション」も〝主観と客観〟が一致していないわけですから、こういったカタチの服を着ていてもあなたを魅力的に見せてくれないのです。つまり、**カタチにおいても主観だけでなく〝客観的な判断〟が必要になる**ということです。

カタチについての客観的な知識として、私は〝マジックスタイル〟というファッションスタイルの8分類をオリジナル化しました。ファッションの傾向は分類しようとすれば、正直いくらでも細かくできます。しかし、マジックスタイル8分類は、あなたの体形の特徴からもっともあなたらしいファッションスタイルの傾向を診断することを主眼にしています。そして、**マジックスタイル診断によってわかった自分のマジックスタイルの知識を活用することは、〝あなたに似合う〟という客観的なモノサシとなる**のです。

これから、あなたの体形の特徴をチェックしながら、もっともあなたらしいマジックスタイルを見つけましょう。先ほどのマジックカラー診断が12タイプ、今から判明するマジックスタイルが８タイプあるわけですから、最終的には**96分の１パターンの一つに、あなたに似合う色とカタチの〝マジックビューティータイプ〟がある**ということになります。

（※ここでは男性用のマジックスタイル診断は割愛していますので、http://sion-inc.com をご参照ください）

あなたの体形から似合うカタチを判断

「体形の特徴をチェック」と言われると、ほとんどの方はあまりいい気持ちがしないかもしれません。なぜなら、自分の体形が好きで仕方ないという人に、私は今まで出会ったことがないからです。背が高い人は低くて可愛い人がうらやましいと思い、ふくよかな人は痩せたいと思い、痩せている人は胸やお尻に魅力がないと感じ、果ては顔が丸い、二の腕が太い、足の形が悪い…という具合で、どこかに必ず不満なところや気に入らないところがあるようです。

しかし、人と比較してよい、悪いと判断してしまうのではなく、**人それぞれが持つ体形の特徴は、あなたらしい個性であって、自分らしさなのです。その特徴をどう生かしたら素敵に見せられるのか**をこれから探っていきたいと思います。

ただし、色のときと同じで、多くの場合、あなたが思い込んでいる自分の体の特徴と、人から見たあなたの体の特徴にはギャップがあります。たとえば、とても骨格のしっかりした肩幅の広い女性が、「私の肩幅は狭い」と思い込み、自己判断だけに頼ると、結果的に絶対似合わないはずのスタイルに行きついてしまうことがあります。できるだけ第三者の意見をもらうか、何人かで一緒に分析することをおすすめします。

では、まずはあなたの体形について、チェックしてみましょう。

ここでは、あなたがどう思っているかというより、人から「どう見られているか」を判断基準としてください。また、ここで見るのは、太っているか、痩せているかではありません。太っても痩せても変わらない「骨格」を見ていきます。**あなたの骨格が「直線的（ストレート系）」なのか、「曲線的（ソフト系）」なのかを診断することがポイントになります。**

あなたに似合うマジックスタイル

チェックリスト❶

Q1. あなたの背は？（同年代の人と比較して考えてみてください）

Ⓐ：高く見える　Ⓑ：どちらかというと高く見える
Ⓒ：普通に見える　Ⓓ：低く見える

Q2. あなたの肩幅は？

Ⓐ：広い　Ⓑ：どちらかというといかり肩
Ⓒ：どちらかというとなで肩　Ⓓ：狭い

Q3. あなたの顔の形は？

Ⓐ：角ばっている　Ⓑ：面長かダイヤ型
Ⓒ：丸顔か下ぶくれ　Ⓓ：卵型かハート型

Q4. あなたの体形は？（骨格を見たとき）

Ⓐ：角ばっている　Ⓑ：やや骨太
Ⓒ：やや丸み　Ⓓ：きゃしゃ

Q5. あなたに似合うヘアスタイルは？

Ⓐ：シャープな線のカットやオーバーなカーリー
Ⓑ：自然なストレートやボブ
Ⓒ：ソフトな巻き髪やキチンとセットされたスタイル
Ⓓ：ショートカット

Q6. あなたに似合う洋服の素材は？

Ⓐ：厚手ウール、ギャバジン、ラメ、スパンコールなど
Ⓑ：ツイード、麻、綿などの自然素材
Ⓒ：レース、ジョーゼットなどの柔らかな素材
Ⓓ：カシミアやシルクなど上質でしなやかな素材

Q7. あなたに似合うプリントは？

Ⓐ：太めのストライプ　Ⓑ：幾何学模様
Ⓒ：花柄　Ⓓ：ギンガムチェック

チェックリスト❶の７つの質問結果を出してみましょう。ＡとＢの合計と、ＣとＤの合計を比較して、ＡとＢの合計が多かった人は、チェックリスト❷のABコースの質問に進みます。ＣとＤが多かった人は、CDコースに進んでください。

チェックリスト❷《ABコース》

チェックリスト❶でＡとＢの合計が多かった人はこちらの《AB コース》に進んでください。

Q1. あなたの印象は？
Ⓐ：ダイナミックでゴージャス
Ⓑ：シャープでカッコいい
Ⓒ：スポーティーでカジュアル
Ⓓ：落ち着いていて上品

Q2. あなたの特徴は？
Ⓐ：目鼻立ちがはっきりしていて目立つ
Ⓑ：背が高く見え手足が長くすっきりしている
Ⓒ：骨太で筋肉質
Ⓓ：少し控えめでコンサバティブ

Q3. あなたに似合う格好は？
Ⓐ：個性的でモダン、ゴージャスな装飾のデザイン物
Ⓑ：メンズライクなパンツスーツ
Ⓒ：カジュアルなシャツとパンツスタイル
Ⓓ：シンプルでオーソドックスなスーツ

Q4. あなたに似合う柄模様は？
Ⓐ：幾何学模様や大きな水玉模様などダイナミックな柄
Ⓑ：ピンストライプや少し大きめの千鳥格子柄
Ⓒ：ボーダーやバーバリーチェック柄
Ⓓ：無地

Q5. あなたに似合うアクセサリーは？
Ⓐ：個性的なデザインの大きめの石
Ⓑ：シャープなデザインのブローチ
Ⓒ：プレーンなチェーンネックレス
Ⓓ：プチネックレス

チェックリスト❷《CDコース》

チェックリスト❶でＣとＤの合計が多かった人はこちらの《CDコース》に進んでください。

Q1. あなたの印象は？
Ⓔ：目がはっきりしていて積極的な感じ
Ⓕ：陽気で可愛らしく夢見るような感じ
Ⓖ：ソフトで女らしい感じ
Ⓗ：華やかで女らしくセクシーな感じ

Q2. あなたの特徴は？
Ⓔ：パンツスタイルもスカートも似合いカジュアル
Ⓕ：どちらかというときゃしゃで、童顔
Ⓖ：曲線的な体形でコンサバティブ
Ⓗ：胸が豊かでとてもグラマー

Q3. あなたに似合う格好は？
Ⓔ：小粋でキュートなジーンズスタイル
Ⓕ：ハート柄やフリルなどの可愛いらしいワンピース
Ⓖ：しっとりした女らしいラインの上品なワンピース
Ⓗ：大胆で華やかなパーティードレス

Q4. あなたに似合う柄模様は？
Ⓔ：ストライプも水玉もバーバリーチェックも似合う
Ⓕ：小花柄やギンガムチェック
Ⓖ：中ぐらいの花柄
Ⓗ：大きな花柄や大柄のレース

Q5. あなたに似合うアクセサリーは？
Ⓔ：帽子やサングラス
Ⓕ：エンジェルやハートモチーフのブローチ
Ⓖ：プチネックレス
Ⓗ：華やかなコサージュ

チェックの結果はいかがだったでしょうか？

以上の質問の答えから、あなたに似合うマジックスタイル診断は次のような結果になります。

チェックリスト❷で、Ⓐ～Ⓗのうち、一番多かったものがあなたに似合うマジックスタイルです。

Ⓐの多かった人は「ドラマティックタイプ」
Ⓑの多かった人は「クールスタイリッシュタイプ」
Ⓒの多かった人は「スポーティータイプ」
Ⓓの多かった人は「クラッシックタイプ」
Ⓔの多かった人は「プラスナチュラルタイプ」
Ⓕの多かった人は「プリティータイプ」
Ⓖの多かった人は「エレガントタイプ」
Ⓗの多かった人は「グラマラスタイプ」

8つのマジックスタイルの特徴

《ドラマティック》大胆で大柄なものが似合うタイプ

背が高く、肩幅が広くストレートな体形（ストレート感とソフト感の割合＝9対1）で、モダン、ゴージャス、シャープ、個性的といった雰囲気を持ち合わせています。8タイプの中で、もっともストレート感が強い骨格で、柄も大きなものが似合います。幾何学模様や大きな水玉模様など、ダイナミックな柄が着こなせるのは、ドラマティックな人だけといっても過言ではないでしょう。アクセサリーも大きめで派手なものが似合います。

似合うアイテムは、スリットの深いタイトスカートや、ラメやスパンコールなどのゴージャスな装飾が施されたもの。このタイプの人が持つ存在感に負けない個性的で派手なファッションが、そのカッコよさを引き立てます。地味にするのが苦手で、いつも華やかな感じに見られがちです。

イメージ
ダイナミック・モダン・シャープ・個性的・ゴージャス

このタイプの有名人
大地真央、米倉涼子、前田美波里、ジュリア・ロバーツさんなど

似合うブランド
ドルチェ＆ガッバーナ、ヴェルサーチ、ピンキー＆ダイアンなど

似合うヘアスタイル
シニオン・シャープなカットのショート・ベリーショート・オーバーなカーリーヘアなど

似合うアクセサリー
大きめで派手なアクセサリー・インパクトの強いモダンなモチーフなど

《クールスタイリッシュ》シャープでカッコいいものが似合うタイプ

背が高く、モデルのような体形（ストレート感とソフト感の割合＝8対2）で、都会的で洗練された雰囲気を持ち、いわゆるカッコいいタイプです。顔の輪郭では少しえらが張っていて、肩も直線的、体のラインもストレート感が強く、全体的にスリムでシャープな骨格をしています。身につけるものも、シャープな印象なもので統一するとぴったり決まります。

似合うアイテムは、シャープなデザインや光沢のある素材、メンズライクなパンツスーツ、シャツブラウス、洗練されたタイトスカートのスーツなど。そもそも美しい骨格の人が多く、すっきりしたデザインのシャープでシンプルな格好が似合います。逆に柔らかいイメージのある素材や花柄などは似合いません。全体をすっきりまとめるのがポイントです。

イメージ　都会的・洗練された・スリム・シャープ・マニッシュ

このタイプの有名人　天海祐希、篠原涼子、観月ありさ、小雪さんなど

似合うブランド　セオリー、ダナ・キャラン、アルマーニ、マックスマーラ

ー、グッチなど

似合うヘアスタイル　ストレートロングヘア・ミディアムヘア・毛先にストレー

ト感のある動きを出した髪型など

似合うアクセサリー　シャープな形のアクセサリー・メタル・長方形のものなど

《スポーティー》活動的ではつらつとしたスポーツレディ

骨太で筋肉質な体形（ストレート感とソフト感の割合＝7対3）で、明るく活動的でおおらかさを感じ、たとえ運動していなくても運動が得意そうに見えるタイプです。筋肉質&がっしりした体格で、ストレート感が強く、顔の輪郭はえらが張っていたり、四角い感じ。フィット感のあるスタイルがよく似合います。

似合うアイテムは、襟付きシャツ、デニム、ブレザー、コート、ブーツ、シンプルなチェーンネックレス、帽子やネックスカーフなど。ただし、派手すぎるものやふわふわ柔らかいもの、可愛すぎるものは似合いません。

イメージ　アクティブ・おおらか・はつらつとした・明るい

このタイプの有名人　長谷川理恵、浅野ゆう子、松下由紀、有森裕子さんなど

似合うブランド　ポロ・ラルフ・ローレン、トミー・ヒルフィガー、ミュウミュウ、プラダ、シップスなど

似合うヘアスタイル　ナチュラルなショート〜ミディアムヘア・ボブ・毛先を遊ばせた髪型など

似合うアクセサリー　シンプルなチェーン・帽子やネックスカーフ・ヨットや犬などのモチーフブローチなど

《クラッシック》品があり、きちんとしたものが似合うタイプ

すっきりとした感じの中肉中背の体形（ストレート感とソフト感の割合＝6対4）で、少し控えめで上品なイメージを持ち合わせています。骨格は、ややストレート感がまさっています。崩した着こなしは苦手です。流行を追わず、シンプルで正統派のものや、実用的でコンサバティブ（保守的）なファッションが決まります。似合うアイテムは、オーソドックスなスーツ、プレーンなセーター、シンプルなワンピース、パール、品のよい本物のアクセサリーなど。品のよさが全身から感じられ、「落ち着いていて信頼できる」イメージが漂います。ビジネスでは得するタイプです。ただし、手抜きをしたり、カジュアルすぎたりすると、途端に冴えなくなってしまいます。個性的な格好やロマンティックな格好をして、損をしている人が多くいます。

イメージ
トラディショナル・コンサバティブ・ノーブル・正統派・シンプル

このタイプの有名人
吉永小百合、松たか子、黒田知永子さんなど

似合うブランド
ミスアシダ、フォクシー、シビラ、イネドなど

似合うヘアスタイル
きちんとセットしているセミロングやショートヘアなど

似合うアクセサリー
パール・品のよいシンプルなアクセサリーなど

《プラスナチュラル》カジュアルな雰囲気があり、ラフなものが似合うタイプ

中肉中背、もしくは小柄な体形（ソフト感とストレート感の割合＝5対5）で、イメージは明るく活動的。ナチュラルな魅力にあふれています。顔の輪郭、体のシルエットによって違いがありますが、全体的にどんな柄やディテールでも多岐にわたって着こなせるグループです。

似合うアイテムは、スパッツやミニスカート、一味違った遊びのある個性的なアクセサリーなど。また、お祭りのハッピとねじりハチマキがカッコよく決まります。さっぱりとオーソドックスにしすぎると物足りない感じに見えるタイプです。ちょっとこだわったファッショナブルなデザインや着こなしが似合います。

イメージ
お茶目・気どらない・リラックスした・明朗快活

このタイプの有名人
竹内結子、深津絵里、上戸彩、堀北真希、広末涼子さんなど

似合うブランド
マーク・ジェイコブス、H&M、ユナイテッド・アローズ、GAPなど

似合うヘアスタイル
ショート〜ミディアムヘア・毛先を遊ばせた髪型・アレンジヘアなど

似合うアクセサリー
ひと味違った遊びのある個性的なアクセサリーなど

《プリティー》　愛らしく若々しいタイプ

全体にソフト感が強く、可愛らしい雰囲気の体形（ストレート感とソフト感の割合＝3対7）で、小柄で華奢、童顔で年より若く見られ、小ぶりな柄や全体的に丸みと可愛らしさがミックスしたデザインのものが似合います。

アイテムでは、フリルのついた小花柄のワンピース、パフスリーブ、フリル、レース、リボンなどの甘さのあるデザイン、小さめで耳から垂れ下がるイヤリングなど。柄は小ぶりでソフトで繊細な質感の素材、細かい柄ものがフィットします。ただし、ストレート感のあるカチッとしたアイテムは似合いません。

イメージ
可愛らしい・ガーリー・ラブリー・キュート・ふんわり・若々しい

このタイプの有名人
ベッキー、松田聖子、西村知美、辻希美さんなど

似合うブランド
ピンクハウス、アナ・スイ、シンシア・ローリーなど

似合うヘアスタイル
セミロング・軽いウエーブ・毛先にやや丸みを持たせた髪型など

似合うアクセサリー
可愛いモチーフのアクセサリー・レースやフリルのついたアクセサリー・小さめで耳から垂れ下がるピアスやイヤリングなど

《エレガント》優しく上品で、フェミニンなものが似合うタイプ

女性らしい丸みのある体形（ストレート感とソフト感の割合＝2対8）。エレガントで洗練された雰囲気の中に、控えめな上品さを持っています。顔の輪郭は卵型や面長、肩のラインも丸みを帯びています。腰にかけてのラインに少しストレート感があります。

似合うアイテムは、セミフレアー、ギャザー、マーメイドラインタイプのスカート、繊細で凝った感じのするアクセサリーなど。品がよく、優しく甘い感じが漂うタイプなので、派手すぎたり、スポーティーな格好は無理しているように見えたり、老けて見えたりします。レザー、コントラストの強い柄は苦手です。

イメージ
優しい・フェミニン・女性的で上品・控えめ

このタイプの有名人
君島十和子、黒木瞳、優香、押切もえ、鈴木京香さんなど

似合うブランド
エポカ、アンナ・モリナーリ、ミシェル・クラン、パオラ・フラーニ、ミッソーニなど

似合うヘアスタイル
ソフトなセミロング・内巻き・毛先だけを大きくカールさせた髪型など

似合うアクセサリー
上品な感じのアクセサリー・花モチーフや繊細で凝った感じのするアクセサリーなど

《グラマラス》　丸みがあって女らしいタイプ

甘い顔つきで、カーブのあるグラマラスな体形（ストレート感とソフト感の割合＝1対9）。顔の輪郭は丸顔で、肩もなで肩で丸く、腰（骨盤）からヒップにかけてのラインもなだらか。全体的に華やかで女らしい雰囲気が漂い、ゴージャスでありながらフェミニンな印象を持っています。

似合うアイテムは、ボディラインを強調したデザイン、豊かなフレアーやロングマーメイドライン、襟あきが丸く大きなもの、ウエストシェイプされたシルエット、コサージュ、豪華で揺れるイヤリングなど。セクシーなファッションでも品がなくならず、ゴージャスですが甘い雰囲気と柔らかい印象を兼ね備えています。胸の大きい人がすべてこのタイプというわけではなく、顔つきや雰囲気も関係します。

イメージ
ロマンティック・セクシー・ゴージャス・華やか・女らしい

このタイプの有名人
藤原紀香、阿木燿子、マリリン・モンローさんなど

似合うブランド
ノーベ・スパジオ、エゴイスト、伊太利亜など

似合うヘアスタイル
セミロング～ロングヘア・あご下から大きなウエーブのロングヘア・アレンジスタイルなど

似合うアクセサリー
華やかなアクセサリー・胸元の造花・丸くて大きい形のアクセサリー・豪華な揺れるピアスやイヤリングなど

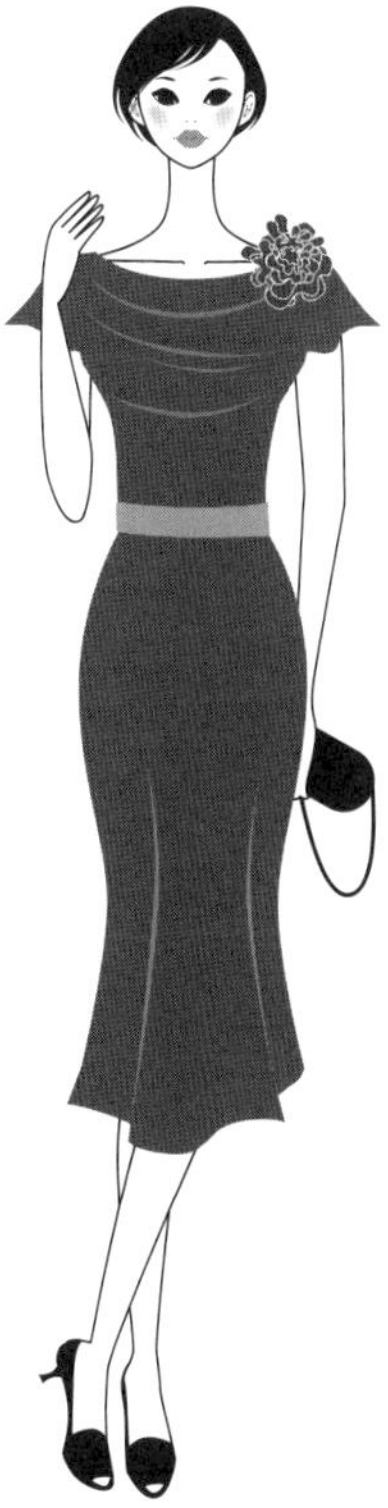

マジックスタイルの2つの法則

これで8分の1のあなたのマジックスタイルが判明しました。自分のイメージと第三者のイメージは合致していましたか？

ここで、さらに、あなたに似合うスタイルを上手に着こなすための**「2つの法則」**についてお話ししておきます。

第1の法則は、体形が直線的でストレート感が強い人は、直線的でカチッとしたシャープなデザインの洋服やアイテムが似合い、体形が曲線的でソフト感が強い人は、曲線的でふんわり柔らかいデザインの洋服やアイテムが似合うということです。

特に、「ドラマティック」「クールスタイリッシュ」「スポーティー」の人は、甘くふんわりしすぎたデザインは避け、シンプルなデザインを。反対に、「エレガント」「プリティー」「グラマラス」の人は、カチッとシャープすぎるデザインは避け、ディテールが甘めのデザインを選ぶとピタッと決まります。「プラスナチュラル」「クラッシック」の人は、ちょうど半々ぐらいがお似合いです。

マジックスタイルごとに、体形のストレート感とソフト感の比率を示していますが（ドラマティックなら、ストレート感9に対してソフト感1）、コーディネート全体のストレート感とソフト感がその比率に合っていると、あなたの体形に違和感がなくなり、調和とバランスのとれたあなたらしい美しさが輝きます。

第2の法則は、体のボリュームに合った適度なサイズに合わせたデザインを選ぶということです。適度なゆとりがスタイルを美しく見せます。たとえば、ふっくらした方がピチピチのサイズのお洋服を着ていると余計に太って見られてしまいますし、逆に華奢な方がぶかぶかしているものを着てしまうと細さを強調してしまいます。適度なゆとりがあると大きすぎず小さすぎず、美しく見えるというわけです。

人によっては体は細いけれども二の腕が太かったり、上半身に比べて腰が張っていたり、手が短かったり長かったりなど、通常のサイズとのバランスが合わない方も多いと思います。そんなときは、やはり、体形に合わせた補正が必要です。少し補正するだけでもっと美しい着こなしができるようになります。

心理的に立ちはだかる壁

しかし、これまで数多くのマジックスタイルを判定してきた経験上、多くの方は、この結果を受け入れるのに、わずかばかり心理的なハードルを越えなければいけないようです。

というのも、骨格のストレート感が強い人は、「ドラマティック」「クールスタイリッシュ」「スポーティー」タイプに分類されますが、女らしく見せたいという思いから、花柄、フリル、レースの多様使いをしてしまう傾向があるのです。

たとえば、宝塚の男役のトップスターだった天海祐希さんのように、シャープでカッコいいものが似合う骨格の人が、花柄フリルのシフォンワンピースを着るようなもので、何ともしっくりこない、ちぐはぐな印象をまわりに与えてしまいます。

天海祐希さんに似合うのは、大人可愛いワンピースより、颯爽としたパンツスーツ。みなさんも、天海祐希さんだったらパンツスーツの方が似合うと、素直に思えますよね？

では、パンツスーツだからといって、女らしく着こなせないかというと、そうではないのです。インナーに、ちょっと胸の開いた深めのデザインを選ぶだけでも、色っぽさを演出できますし、袖や裾を七分丈にして、手首や足首の細さを強調すれば、女性らしい柔らかさを演出することができます。また、胸元の開いたシンプルなカットソーにストールを垂らせば、華やかな印象にも持っていけます。

つまり、**フリル＝「女らしい」ではない**ということ。スリムでシャープな骨格を持っていても、**自分の体形に合うアイテムを選べば、十分に女性らしさも可愛さも演出することができます**。天海さんのようなタイプの人が、花柄やフェミニンなアイテムを身につけると、逆に男っぽく見えてしまい、要注意です。

一方、宝塚で娘役のトップスターだった黒木瞳さん、檀れいさんのような、優しく上品で、フェミニンなものが似合うタイプの人が、ピンストライプのアルマーニのパンツスーツを着たらどうでしょう？　やはりちぐはぐな印象をまわりに与え、逆効果が生まれてしまいます。もともと女らしく上品な雰囲気の人には、花柄のワンピースのほうが似合うのです。

心理的な思い込みから、自分の体形や骨格を無視して2つの法則の逆をしてしまうと、残念ながら、本来持っているあなたらしいよさが発揮できないばかりか、ファッションセンスのおかしい、冴えない、老けた印象の見た目になってしまいます。

再度、あなたのマジックスタイルの特徴を読み直し、ぜひあなたに合ったアイテムを普段のコーディネートに活かしてみてください。

着やせマジック〈P－X〉の法則

ここまで、あなたに似合うマジックスタイルと、コーディネートの幅を広げるポイントについて話を進めてきましたが、これらを踏まえた上で、**さらにあなたを魅力的に見せてくれる〝着やせ〟の3つの法則**がありますので、ご紹介しましょう。

やり方はどれも簡単・単純です。似合う色、スタイルを身につけているはずなのに、何となくしまりがない、横に広がって見えるというときに試してみると、驚くほど印象が変わります。

①ポイントアップの法則

〈P－X〉のPは、**ポイントアップの法則**です。なるべく上に目立つ色、アクセサリー、柄を持ってくると、相手の意識が上へと引っぱり上げられ、ボディー全体がすっきりした印象に感じられます。

もっとも効果的なのは、**イヤリングで目線を上に上げること**です。鏡の前で実際にやってみるとわかりますが、イヤリングがあるのとないのとでは、目線の位置が変わります。なくなると、途端に目線が下がります。

特に女性の場合、年齢を重ねると肌に輝きがなくなってくるので、イヤリングやピアスは、肌を明るく見せる効果も抜群。肌色が明るくなる＝「くすみが取れる」ので、疲れた印象がなくなり、若々しい美しさが際立ちます。

その他のアクセサリーの効果も絶大で、プチネックレスやカチューシャ、シュシュ、帽子、サングラスなど、**顔まわりに何かポイントになるものを持ってくると、目の錯覚で、全体のバランスがすっきり見えます。**

目立つ色や柄を上に持ってくるのも効果としては同じ。フリル、レース、リボンといったアクセントも、上半身に集めて目線を上に誘導するのが、簡単バランスアップの近道です。

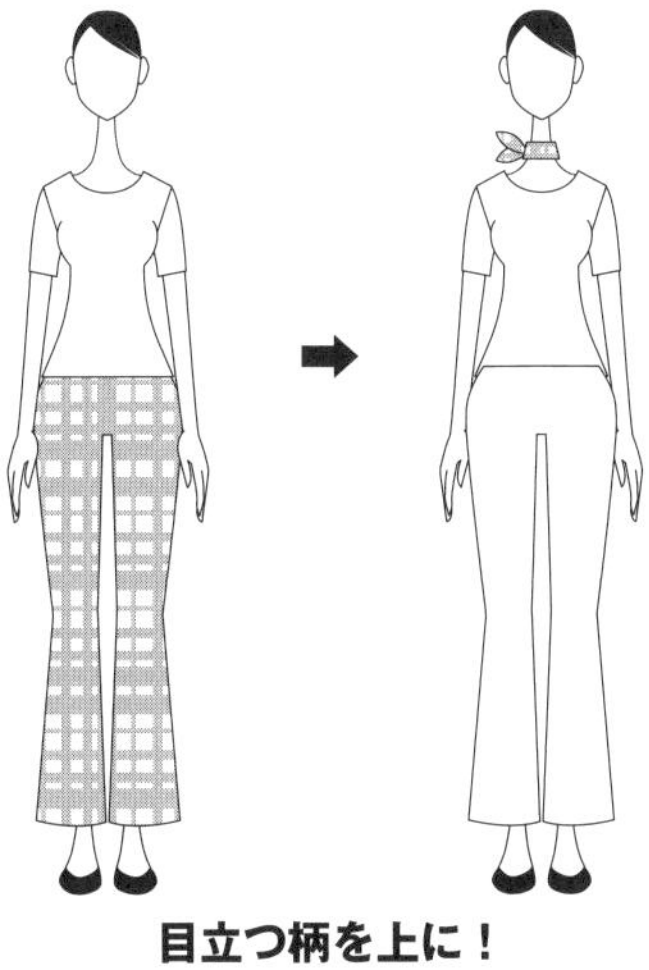

目立つ柄を上に！

②アイラインの法則

〈P－I－X〉のIは、**縦長アイラインの法則**です。これも目の錯覚なのですが、**体の中心にアクセサリーやスカーフなどを垂らして縦長Iラインを強調すると、スラッとバランスよく見えます。**

ほかにもジャケットの前立てやカーディガンの前ボタンなど、目に入りやすい縦ラインを体の正面に持ってくると、自然と目線がそこに集中するので、細長体形に見えるのです。

だから、はっきりとわかるIラインのデザインを選んだ方が、より効果的だということですね。

ロングネックレスや流行のタイ、センタープレスのパンツなどもIライン効果があります。

また、**インナーとボトムを同色か同系色にする**のもおすすめ。強い色、濃い色のワンピースまたは上下同系色に、薄い色、淡い色合いの羽織りものを着るだけでも、十分細長体形に見せることができます。

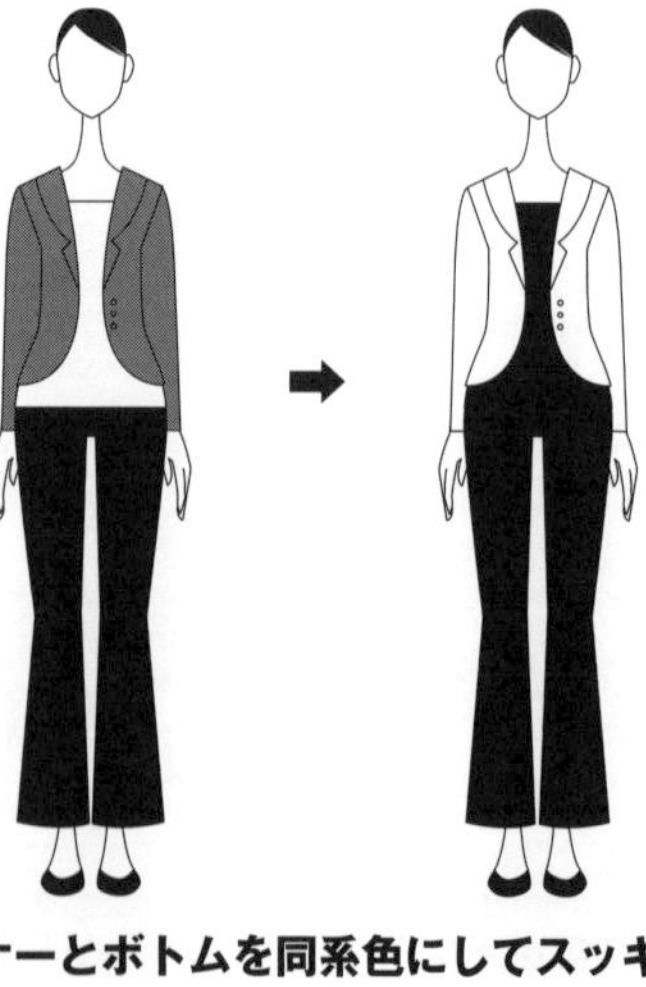

インナーとボトムを同系色にしてスッキリ！

③エックスラインの法則

〈P－X〉のXは、**エックスラインの法則**です。ジャケットやカーディガンなどの前ボタンのうち、**おへそより少し上にあるボタンを一つか二つだけかけ、ウエストを中心にXラインをつくることで、ボディーにメリハリがつき、スタイルがよく見えます。**

これもまた目の錯覚を利用した方法です。たとえばストンとしたワンピースを着ると、シルエットにメリハリがなくなり、横に広がって見えますよね。ところが、ウエストをキュッと絞ると、肩と腰に適度なボリューム感が出てウエストが細く見え、ボディーバランスが整います。それと同じで、Xラインをつくってあげると、簡単にウエストマーク効果が出せるのです。

Xラインは、さらに脚長効果もあります。ベルトが苦手という人でも、これならすぐに挑戦できるのではないでしょうか。

ボタンをかけてXラインに！

“もったいない”から解放されて、似合わないものは処分する

さて、**96分の1タイプからあなたに似合う色とカタチ（マジックビューティータイプ）**がわかったところで、クローゼットを眺めてみると、本来、似合わないはずのアイテムがけっこうあることに気づかれることと思います。

これは私からの提案ですが、そうしたアイテムを思い切って振り分け、整理してみてはいかがでしょうか。

色は合っていても、柄や素材、デザインのラインが大きく外れているものは、残念ながらあなたに似合わないといえます。このとき、値段が高かったから、ブランドものだから、今流行っているからといった尺度はいったん傍らに置き、**シンプルにマジックカラーとマジックスタイルの診断結果に基づいて整理してみましょう。**

似合っていないファッションアイテムなら、大事にとっておいても仕方ありません。なぜなら、クローゼットやチェストのスペースが空いていなければ、次の新しいエネルギーは流れ込むことができないからです。

おすすめの整理の方法には、次のような方法があります。

①リサイクルする

リサイクル専門業者に持ち込んだり、ガレージセールで出店したり、インターネットを活用することもできます。

②似合う友人に引き取ってもらう

「自分が着ないから」ではなく、自分には苦手なアイテムだが相手には似合っているというお互いのコンセンサスさえあれば、エネルギーの交換という意味からも、もっとも有意義な整理法だと思います。

③寄付する

まだ新しい、ほとんど袖を通していない、きちんと手入れしてあるものなら、バザーや発展途上国などに寄付することも可能です。（※送料を負担しなければ引き取ってもらえないこともあります）

④場面に応じて活用する

少々裏技的ですが、理由があって相手に嫌われたいとき、目立ちたくないとき、悲しみや疲れを表現したい場面などに〝演出〟として着用する方法もあります。

その他、**「自分が納得できるまで着古す」**方法もあると思います。そうでなくてもモノがあふれている時代です。身のまわりをすっきり整理し、これからのあなたの人生が、シンプルですっきりされること、そして、古いエネルギーに変わって、新鮮なエネルギーが入ってくることを心から願っています。

「一人でがんばる自分」から「まわりに応援される自分」へ

当たり前の話ですが、**自分のよさは、自分では見えにくいもの**です。「あなたってこんな人」と、人から言われてはじめて気づくことも多いでしょう。しかし、それに反発してしまうのも、また自然なことです。なぜなら、あなたの中には「自分が思う自分」が定着しているからです。

ところが、無理やりにでも自分を客観的に診断し、これまで似合うなんて思ってもみなかった色とカタチを身につけた結果、まわりの反応が一変したとしたらどうでしょう。

この診断の面白いところは、**まわりの見方が変わることによって、昨日までとはまっ**

たく違う、新しい自分を新鮮な気持ちで受け止められるようになること。そして、**まわりの意見を素直に聞けるようになり、人との関わり方が少しずつ変わってくること**です。それがまた、私が長年イメージコンサルタントという仕事をしてきて得た、率直な感想でもあります。

きれいになって、ほめられて、自分が圧倒的に損するということは、まずありません。しかも、似合う色やカタチに性格や人間性はいっさい関係ありません。判定結果には、どれがよくて、どれが悪いといったことはまったくないのです。

それでいて、**誰から見ても似合うマジックビューティータイプのファッションを実践するだけで、あっという間に「好かれる人」「応援される人」になれる。**それは、人間の持って生まれた心理的作用としか言いようがないのですが、その人が何か目標を持ってがんばっているとか、驚くほど礼儀正しいとかではなくて、ただ、**「その人に似合うファッション」**を身につけているだけで、引き合いが多くなるのです。まわりは、「その人に似合うファッション」をしている人に対しては、「仲良くしたい」「応援したい」と思ってしまうのです。

これこそ、まさに、**自分の力だけでがんばろうとするより、ずっと簡単で楽な、究極の方法**です。

違和感を持たせるファッションは、誰も幸せにしない

これに対して、一番応援したくないタイプは、「自然ではない、まわりに違和感を持たせるファッション」傾向の人です。

たとえば、スポーティータイプの人が、その対極にあるエレガントタイプの服装をしていたとします。その人は、自分は女らしいと思っているのでしょうが、まわりから見ている人は「もっと元気な方がいいのに、無理に女らしくして」と感じていて、まず、自然に話しかけられなくなります。そして、ちぐはぐな雰囲気が気になり、かえって変な気を遣ってしまいます。だから、一緒にいると疲れてしまう。

仕事とは何の関係もないはずなのに、「この人、仕事大丈夫かな?」という不安まで与えてしまい、会話は弾まず、「早く終わらせたい」と思われることもあります。

これを今流行りの言葉で言うと「イタい人」ということになるのかもしれませんが、自分がこうだと思う〝**思い込み**〟が、なぜだかうまくいかない結果につながることがあるのです。つまり、**相手に違和感を持たせるファッションをするということは、自分もまわりも幸せにしないということ**です。

外見（見た目）より中身。それも確かに間違いではありません。でも、**外見の見せ方＝「外見力」**によって、言葉以前に相手の印象をよくできるとしたら、自分の中身にだけ頼って勝負するより、ずっと効果的で簡単です。**さらに、まわりの意見も受け入れ、色も、カタチも、小さなアクセサリーも、すべてが複合的にしっくりきたとき、あなた最強のパワーが出せるのです。**

コラム3　下着を変えるだけでも印象はこんなに変わる

あなたに似合う色とカタチが決まり、外見力が高まっているはずなのに現状の問題が解決しない、あるいは、まわりの反応がないとしたら、下着選びが間違っている可能性があります。セクシー、可愛いなど、デザイン重視で補正力の弱い下着ばかりを選んでいると、重力によって年齢とともに〝下垂〟していく脂肪を支えきれず、体形の崩れを助長する場合があるのです。そして、このことが第一印象とどのような関係があるかというと、脂肪が下に移動し、胸の位置が変わることによって、本来、もっとも美しいとされる「鎖骨と乳頭が正三角形を描くゴールデンバランス」が壊れ、目線の位置が下がってしまうことにつながるのです。

これは胸の位置だけに留まりません。脂肪が下に移動することによって、ウエストも寸胴になり、ヒップの位置も下がり、せっかくマジックカラーとマジックタイルのファッションを身につけても、「ちっともきれいに見えない」ことがあるのです。

これを解消するために、おすすめしたいのが〝機能下着〟と呼ばれるコンディショニングウエアです。移動しやすい脂肪を〝型〟にはめながら、適度な圧力をかけることによってボディーラインを整え、しかも、軽い猫背などの姿勢矯正にも役立ちます。姿勢の悪さを補うためには背筋・腹筋の筋力アップが必要といわれますが、長年の癖がついている状態からエクササイズで背骨を伸ばし、肩を開くのは至難の業。しかし、下着によって、それが一瞬にして変身できる可能性があるのです。**猫背でなくなると、背が高く見え、雰囲気が明るく見えます。それだけでも第一印象はまるで変わるのです。**

また、〝適度な圧力〟は、最近流行りの「加圧トレーニング」のソフト版に近い働きが期待できます。医学的にも認められていますが、適度な圧力をかけると血流の流れがよくなり、代謝が活発になる＝「カロリーの消費量が高くなり、太りにくい体質になる」ということです。今では、歩く・動くことでエクササイズにつながる下着まで登場していますが、ボディーバランスを整え、外見力を高めるためにも、そうした機能下着を使わない手はありません。

終　章

幸せになるための循環サイクル

色とカタチは幸せへのアプローチ

ここまで、色とカタチを中心に、〝**見た目**〟からのアプローチについて述べてきましたが、人が幸せになるためのアプローチは、もちろん〝外見から〟だけではありません。

私は、**人が幸せになるためのアプローチは3つある**と思っています。

1つ目は、内面からのアプローチ。まずは体が健康であるということ。人間は何をするにも体が資本ですから、毎日を健康に過ごすためには、食事のバランスを整え、適度に運動し、質のよい睡眠をとることが大切になります。

2つ目は、魂からのアプローチ。これは心の健康のことですが、いくら体が健康でも、心がゆがんでいたら、その人は幸せではないと思います。たとえば、雨が降って「何で雨なんか降るんだ！ こんちくしょー！」と思うか、「木々の緑が鮮やかになってきれい」と思うか、心の持ち方一つで自分のまわりの世界が違って見えてきます。

小さなことにこだわらず、その事柄のよい面を見る力を養うことで、人も出会いも引き寄せることができるのです。

そして、**3つ目が外面からのアプローチ**です。いくら「見た目より中身が大切」と言

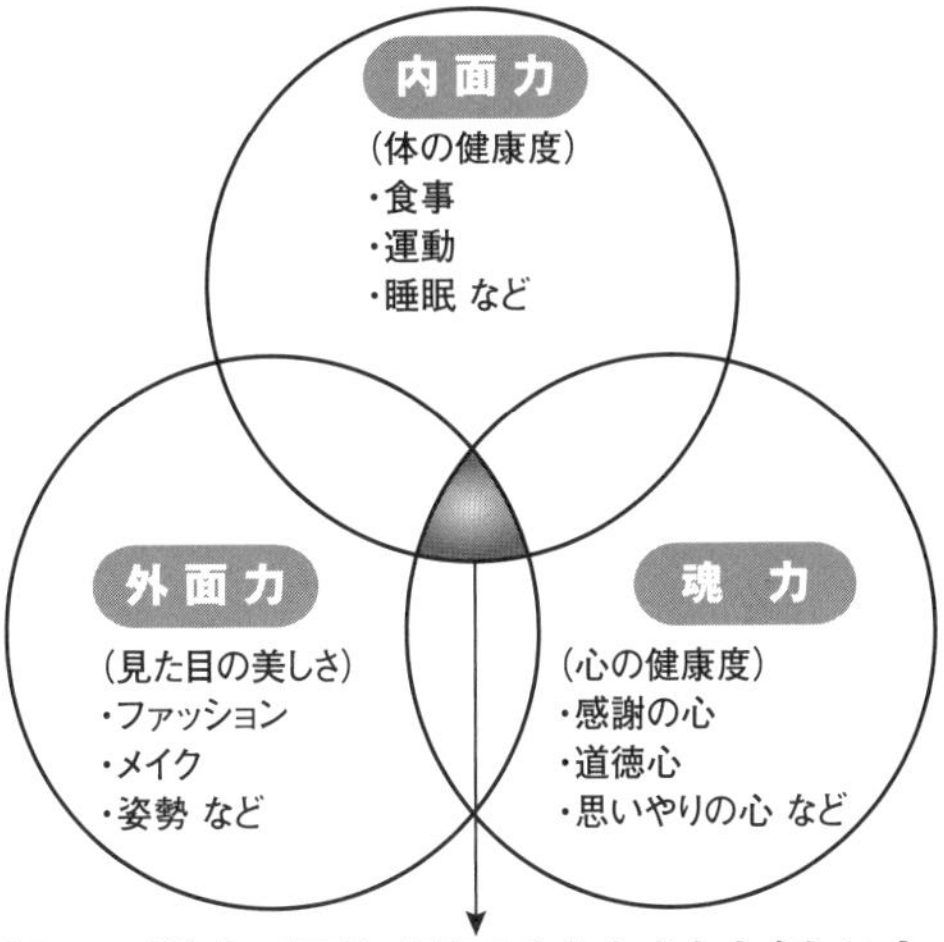

3つの力のバランスがとれてこそ、調和のとれたあなたらしいオーラが輝き出す！

ったところで、実際に初めて会った人が、まったく本人に似合わない、ちぐはぐな格好をしていたとしたら、その人とお付き合いしたいと思うでしょうか？

やっぱり人間は〝見た目〟も大切です。そして、その〝見た目〟をつくっているのは誰なのか？　というところに気づくと、外見に対する意識が大きく転換すると思います。

　私が言いたいのは、この**3つのアプローチのバランスがとれてこそ、調和のとれたあなたらしいオーラが輝き出す**ということ。どれか一つだけがんばっても、極端すぎてもだめなのです。ちなみに、**ここで言うオーラというのは、物理学でいう生体エネルギーのこと**で、野生動物が本能的に敵から身を守るために自分のテリトリーに張る、見えないエネルギーバリアーのようなもの。私たち人間も、通常、前後左右1メートルの範囲でオーラが出ているといわれています。

オーラがものすごく出ている人を見ると、広いパーティー会場でも、どんなにすごい人混みでも、なぜか目が吸い寄せられてしまいます。歌手でもあり、俳優としても活躍されている福山雅治さんなんかが、まさにそう。たとえどこにいても気づかずにはいられないような強いオーラが出まくっています(笑)。私たちの場合はそこまでいかなくても、誰かに会ったときに「いい感じ」を与え、もう一度会ってみたくなるようなきれいなオーラを輝かせる。そのための外面アプローチの方法として、**色とカタチの力を活用するのが一番の近道**なのです。

人は〝思い込み〟より〝事実〟で動く

私は、企業向けの講演やセミナーも行っています。色とカタチの理論を会社内で活用すれば、**社内コミュニケーションがスムーズになって、人間関係がよくなり、互いに気持ちよく協力し合うことで営業成績もぐっとアップする**のです。

誰だって、似合わない服を着て、老けて疲れた印象の人と仕事をするより、ぴったり似合う装いで、イキイキとして幸せそうに見える人と一緒に仕事をする方が楽しいと感じます。「また話したい」「また一緒に仕事をしたい」と思わせる確率は高くなりますし、ビジネスの場でなくても会いたいと思われるようになります。実際、「今度、食事に行きませんか？」「相談に乗ってくれませんか？」というように、プライベートなお付き合いが始まることも多いのです。

ある三十代の女性は、もともと美人で、仕事もバリバリできるキャリアウーマンタイプ。でも、恋愛はというと、からっきし苦手で、一生懸命頑張っているのに空回りしてしまう典型的な女性でした。その女性が独立し、自分の見せ方も仕事の戦力になると知って、私のセミナーに参加されたのです。最初の自己紹介では、「仕事一筋。結婚する気はありません」と言っていました。

ところが、セミナーを受けて、本人は、ガラッと変えたつもりはなかったのに、**ほんの少し意識するようにしただけで、まわりがすごくほめてくれるようになった**のだそうです。それこそ、最初はネイルの色を変えるぐらいのことだったのが、やってみるとやたら評判がいいので、「じゃあもうちょっと」と、スカーフの色を変え、髪の色を変え、階段を上るように自分が変わっていったのです。

その見違えるように変身した姿を誰かが見初めたのでしょう。あるとき、「**セミナー**

に参加させていただいたおかげで、よきパートナーができました。」というお手紙をいただきました。封筒に一緒に入っていた写真の彼女の、なんと美しかったこと！ 今では結婚もされ、仕事と家庭を両立させながら、充実した幸せな生活を送っていらっしゃいます。

「似合う色」で親子関係もよくなる

また、**「似合う色」を知ったことで、親子関係が改善した例もあります。**

何かのきっかけで自閉的になり、長いこと社会生活を送れずにいるという二十代の娘さんを持った母親が、その娘さんを伴ってセミナーに参加されました。話を聞くと、娘さんは家でも一言も口をきかず、彼女の意思を確認するにも簡単な手話や筆談で会話していたそうです。

母親のほうは、このセミナーへの参加によって、娘に際立った変化が起こることはあまり期待していなかったようです。ただ、少しでも刺激を与えられたらいいという母心でした。

ところが、**セミナー後、似合う色のチャートが載ったマジックカラー手帳を介して、**

娘さんと会話が始まったというのです。それには父親もびっくりして、結局、お父さんと、もうひとりの娘さん、親子4人全員が私のセミナーを受けることになりました。

家族で買い物に出かけると、マジックカラー手帳を指差しながら、「この色が欲しい」という意思表示をしたり、「この色はお母さんに似合う」と教えてくれたりして、少しずつコミュニケーションがよみがえってきたそうです。

「今はまだ、しっかりとした言葉にはなっていませんが、**似合う色が言葉を超えて〝家族の物差し〟になってくれました**」と、大変喜んでいらっしゃいました。

似合う服を着ることが自信になる

こうした活動をする中で、私自身が幸せだと思うのは、**心の問題が「色とカタチ」によって解決していくこと**です。

自分に対して自信がない人は、うまくいかない現実から自分を裁き、相手を裁き、仕事、人間関係、あげくの果てに自分の性格にまで悩んでしまうことがあります。しかし、人間は、**一つ自信を持てれば、それをきっかけに、見える世界も引き寄せる世界もどんどん変えていくことができます**。そのきっかけが、自分が美しく変わっていくことだとしたら、こんなにうれしいことはありません。

さらに、自分に似合うファッションアイテムは、自らの気持ちを高めてくれるだけでなく、自分をつねにバックアップしてくれる友であり、信頼して自分をゆだねられる相手でもあります。**「似合う色とカタチを選ぶ」という単純なセオリーを実践することで、自信を持って人と接し、自分らしく振る舞うことができ、笑顔が増える**のですから、やってみて損はありません。

その上、今日会う相手を意識して服を選べるようになれば、重要な相手に対する自分の覚悟を示すこともできますし、それで相手の態度が好意的になったとしたら、もっともっと自分に自信がつきます。

すぐに結果が目に見えて、思っている以上に自分もまわりも幸せになる**「幸せのサイクル」**を、一日も早くみなさんにも実感していただきたいと思います。

人との違いを受け入れることで、心の在り方も変わる

誰もが幸せになるためには、共通の言語でお互いを理解する必要があるとよく言われていることですが、**似合う色とカタチというものが共通言語になって、平等に話し合う**

ことができれば、コミュニケーションがもっとスムーズになると思うのです。

これがどういうことかというと、お互いに似合うものは違っていても、それを前提として相手の個性を受け入れることを知っていると、自己中心的にはならないということです。

自分の価値観通りに物事が進まないと、「あの人が悪い、いやこの人が悪い」と言う人がいますが、価値観そのものが一つではないのですから、何でも思い通りにいくわけがないのです。

いってみれば、同じ「赤」でも、「鮮やかな赤」が似合う人と、「ワインカラー」が似合う人と、「ローズ系」が似合う人と、「くすんだ赤」が似合う人がいて、どの「赤」が一番いい赤か、誰も決められないのと同じです。人それぞれに個性や持ち味、価値観があって、人と比べることはできないのです。

そのような考え方に気づくことができれば、**人としての心の在り方も変わっていくと思いますし、他の人を理解することにもつながる**と思います。問題は、どの時点で気づくかということです。早く気づけば、それだけ早く変化し、成長していくでしょう。

それぞれの違いを受け入れて、好きになる。そこでは**「似合う」ということが重要なキー・ポイント**になると思うのです。なぜなら、人間というのは、生まれながらに美しいもの、調和されたものに心惹かれる性質を持っているからです。

人間は〝美〟と〝調和〟に向かっている。それは自然の理、否定できないことだと思います。だからこそ、美しくバランスを整え、調和させるための理論が必要になるのです。

私たちは、誰ひとり例外なく、素晴らしい個性を持っています。そして、その個性を輝かせ、イキイキと魅力的に見せる理論が目の前にあるのです。うれしいことに、その**理論はシンプルで、誰もが実践できる**のです。

「色とカタチの法則」を味方につけることによって、私たち一人ひとりが個性豊かに光り輝き、誰もが美しく、調和の方向へ向かうことで、人生をより豊かに生きていけるはずなのです。

あとがき

私は、大学・大学院で心理学を勉強し、今から二十数年前、カウンセラーの草分けとして仕事をしていました。その頃の私は、髪を振り乱しておしゃれにもあまり気を配らない、世にいうまじめな女性だったと思います。結婚をしてからは、子育てと仕事の両立に翻弄され、外見にはあまりこだわっていませんでした。

ですから、その当時の写真と現在の写真を見比べたとき、「整形されたのですか？」と大変失礼な質問をされてしまうくらいです（笑）。外見だけが、整形したかと間違えられるほど変わっただけではありません！　私自身、**「色とカタチの法則」**を知り、マジックカラーとマジックスタイルを日々実践することで、自分自身の人生がどんどんよい方向に変わっていったのです。幼い頃からしょっちゅう熱を出す、虚弱な体質が改善されたばかりではなく、**今では、心の状態も安定し、ピンチをチャンスと思えるほどの「魂力」も身につきました。**

１９９６年にアメリカで、カラー・ミー・ビューティフル社のコンサルタントとしての資格を取得しましたが、これにはある理由があります。

今から15年前、ロサンゼルスで生まれた娘は、生後3カ月のとき、左目まぶたの上に腫瘍ができるという重い病気になりました。このときは、その腫瘍が命を脅かす可能性もあり、医師からは眼球摘出手術の提案も受けましたが、親としてどうしても受け入れることができず、悩んだ末に温存療法を選択しました。

しかし、ここから約6年間にもおよぶ親子の格闘が始まったのです。というのも、青黒くはれあがったこぶのような腫瘍が左目を覆い、ほとんど目が開かない状態だったため、光の刺激が左目に入らないという事実が、娘の右脳の発達を妨げると言われたからです。その治療法は娘にとって大変な苦痛を強いるものでした。

それは、よい方の右目に1日5〜8時間パッチをして、腫瘍のある左目から強制的に光を入れる、という治療法でした。よい方の目を覆われるわけですから、その苦痛は大きく、パッチをしている間中、娘は泣き続けました。私が途方にくれて主治医を訪れたとき、医師がこう言ったのです。

「色の刺激が脳細胞を活性化させます。お嬢さんにたくさんのきれいな色を見せてあげてください」

それを聞いて、家に飛んで帰り、ベビーベッドのまわりに日本から持ってきた折り紙をペタペタ貼ったり、娘にカラフルな絵本を見せたりしました。私が、**色の持つ力、人**

間の脳に与える色の影響に気づいたのはこのときです。このことがきっかけとなって、私は色の勉強をしたいと願い、周囲の協力のおかげでカラーコンサルタントの資格を得ることができたのです。

ロサンゼルスから移り住んだニューヨークでは、メイクセラピーの勉強もしました。青黒いこぶのついている娘を見て、アメリカ人から虐待を疑われてしまったのです。そして、悲しいことに無理やり警察に連れていかれてしまいました。その後、しばらくはまったく外出できなくなってしまったほどショッキングな出来事でした。ところが、娘のまぶたにファンデーションを塗って外出してみると、目の上のこぶに気づかない人も出てきました。それどころか、「あら、可愛い赤ちゃんね！」と声までかけてくるようになったのです。

まわりの反応に、私自身の気持ちもぐっと和らぎました。人目を避けるように暮らしていた私たち親子も、次第に人前に出ることが億劫にならなくなっていきました。**外見（見た目）がいかに心理的作用を及ぼすのか、見た目が変わるだけで人の感情がどれほど変わるのか**を、わが身をもって痛感したのです。

今、中学生の娘は、毎日元気に学校へ通っています。幸いなことに6歳の頃から腫瘍が少しずつ退縮をはじめ、現在は、ちょっと見ただけでは普通の目とほとんど変わりません。また、努力のかいあって、視力もずいぶん回復し、幼かった頃には想像もできなかった夢のような回復を遂げることができました。

もともと大学で教育心理学を勉強し、主人の仕事で渡米するまでは臨床心理士、カウンセラーとして仕事をしていましたが、このような体験を経て、2002年に帰国した後、**アメリカで学んできたカラーコンサルティング、メイクセラピーの理論に、カウンセラーとして培ってきた心理学や行動学、さらにスピリチュアリティーを加えた独自の「外見力サクセスサイクル理論」を体系化**したのです。

今回、この理論を本にして、広くお伝えできるまでになったのは、多くのみなさまの支えがあったからこそと、心からの感謝の気持ちでいっぱいです。いつも支えてくれる両親と家族、会社のスタッフには、どれだけありがとうを言っても足りないくらいです。さらに、今回の出版にあたっては、林彩子さん、宮嶋尚美さん、編集担当の野本千尋さんに大変お世話になりました。また、これまでマジックビューティーセミナーを受講してくださった生徒のみなさんに、この場を借りてお礼を申しあげたいと思います。本当にありがとうございます。

最後に、この本を手にとってくださったすべてのみなさまに、心から感謝します。

あなたらしい人生が光り輝きますように！

マジックカラー診断〈手順〉

1．準備

診断は日中行いましょう。まず、直射日光が当たらない、自然光が豊かな明るい窓際に鏡を置きます。

メイクを落とし、白い上衣を着てください。ヘアカラーをしている場合は、根元の自分の髪色で判断します。髪を白か黒い布などで覆ってください。

顔の下に判断シート（巻末カラーページ）を当てて診断していきます。

似合う診断シートを当てたときは、若返って見え、元気そうで顔がリフトアップしているように見えますが、似合わない判断シートを当てたときは、老けて見えたり、疲れてやつれて見えたり、表情がゆがんでいるように見えることもあります。目をパチパチさせた時、色が目に飛び込み、顔に焦点がいかない場合は似合わないと判断します。強い色合いでも顔を引き立て若く見えるときは似合うと判断します。

次の表は、もう少し具体的に見え方を比べたものです。参考にしてください。

	似合う色	似合わない色
髪の毛	艶やかに見え、色もきれいに見える	パサついた感じに見える
瞳	輝いて見える	ぼやける
顔の輪郭	シャープに見え引き立つ	ぼやける
シミ・シワ・ニキビ	目立たなくなり肌が滑らかに見える	目立つ
眼の下のクマ・頬の陰	クマ・陰が目立たない	クマ・陰が濃く強調される
顔色・血色	透明感が出て健康的で自然な血色	青白くなる、赤らむ、くすむ、黄ばみが出る

自己診断は、自分の思い込みが入ってしまうことがあり、なかなか客観的な見方ができにくいものです。家族や友人に見ていただくことをおすすめします。

2．ベースカラー「ウォーム」or「クール」診断

判断シートの「ウォーム」と「クール」を当て、どちらが似合うか判断します。

判断シート「ウォーム」が似合った人は、4分類診断の春秋のチェックに進み、判断シート「クール」が似合った人は夏冬チェックに進みます。

3. 4分類診断

★春秋（スプリング or オータム）のチェック

Q1. あなたの顔の印象は？
A　明るい感じ　B　落ち着いた感じ

Q2. あなたの目の黒目と白目のコントラストは？
A　キラキラ光るガラスのよう　B　深く落ち着いている感じ

Q3. あなたの髪は？
A　明るい絹糸のような茶色
B　ダークな茶か黒で赤い光沢がある

Q4. ノーメイクでこげ茶を当てると？
A　強すぎる感じ　B　強く感じない

Q5. 色白、色黒にかかわらず、あなたの顔の色は？
A　健康的で冷たい風に当たると赤くなる
B　陽に当たっていないところがグリーン

Q6. 日焼けしていないと
A　色白　B　浅黒い

Q7. ノーメイクに口紅をつけた場合
A　コーラルピンクが調和する　B　ブラウン系が調和する

Q8. あなたの洋服の色は？
A　明るい鮮やかな色が似合う
B　少しくすんだシックな色が似合う

Aが多かった方は、「スプリング」グループです。
Bが多かった方は、「オータム」グループです。

★夏冬（サマー or ウィンター）のチェック

Q1. あなたの顔の印象は？
C　ソフト　Dシャープ

Q2. あなたの目の黒目と白目のコントラストは？
C　それほど強くない　　D　はっきりしている

Q3. あなたの髪は？
C　黒いがすぐ風になびくようなソフトな感じ
D　真っ黒で深くてつやがある

Q4. ノーメイクで黒を当てると？
C　強すぎる感じ　　D　強く感じない

Q5. 色白、色黒にかかわらず、あなたの頬は？
C　バラ色　　　D　あまり色がない

Q6. 日焼けしていないと
C　色白　　D　浅黒い

Q7. ノーメイクに口紅をつけた場合
C　淡いピンクが似合う　　　D　濃いローズが似合う

Q8. あなたの洋服のコーディネートは？
C　全体にソフトな色の組み合わせが似合う
D　コントラストの強いほうが似合う

Q9. あなたのシャツの色は？
C　真っ白より水色が似合う
D　水色より真っ白が似合う

Cが多かった方は、「サマー」グループです。
Dが多かった方は、「ウィンター」グループです。

※春秋（AとB）、夏冬（CとD）ともに2択の答えが半々になってしまい判断に迷う場合、最初の【ベースカラー 「ウォーム」or「クール」診断】で間違っている場合もありますので、どちらか判断しかねる場合はもう一度「ベースカラー診断」に戻って再度診断してみてください。

4. 12分類診断

「スプリング」の方は、診断シートのビビッド、ウォーム、ブライトの3枚を当て、どれが似合うかを診断します。「オータム」の方は、診断シートのウォーム、ソフト、ダークの3枚です。

「サマー」の方は、診断シートのブライト、クール、ソフトを当て、「ウィンター」の方はビビッド、クール、ダークの3枚で診断します。

診断結果

似合った診断シート			あなたのマジックカラーグループ	特徴
2の結果	3の結果	4の結果		
ウォーム	スプリング	ビビッド	ビビッド・スプリング	鮮やかな黄み優勢の色が似合うグループ
		ウォーム	ウォーム・スプリング	黄みの強い明るめの色が似合うグループ
		ブライト	ブライト・スプリング	明るい黄み優勢の色が似合うグループ
	オータム	ウォーム	ウォーム・オータム	黄みの強い暗めの色が似合うグループ
		ソフト	ソフト・オータム	くすんだ黄み優勢の色が似合うグループ
		ダーク	ダーク・オータム	暗い黄み優勢の色が似合うグループ
クール	サマー	ブライト	ブライト・サマー	明るい青み優勢の色が似合うグループ
		クール	クール・サマー	青みの強い明るめの色が似合うグループ
		ソフト	ソフト・サマー	くすんだ青み優勢の色が似合うグループ
	ウィンター	ビビッド	ビビッド・ウィンター	鮮やかな青み優勢の色が似合うグループ
		クール	クール・ウィンター	青みの強い暗めの色が似合うグループ
		ダーク	ダーク・ウィンター	暗い青み優勢の色が似合うグループ

和 真音(かず しおん)
Sion Inc.代表取締役。静岡大学教育学部卒業後、静岡大学大学院、上智大学カウンセリング研究所で教育学修士号を取得。在学中より、臨床心理士、カウンセラーとして活躍。夫の転勤に伴い、ロサンゼルス・ニューヨークで8年間生活するなか、娘の闘病生活（左目の腫瘍）を通じて色彩療法、メイクセラピー、イメージコンサルティングと出会い、カラーミービューティフル社のコンサルタントの資格を取得。帰国後、"自分らしさ"発見のための独自の『ビューティマジックプログラム』を構築し、カラー、ファッション・スタイル、メイク、心理学、イメージメソッドを統合させた新しい心身の磨き方、幸運の呼び方を提唱している。楽器「シンギング・リン」の開発者としても知られている。ミスインターナショナルセミナー講師、社団法人生命保険ファイナンシャルアドバイザー協会（JAIFA）理事を歴任。現在、日本音響健康美容協会理事長、国際統合医学会評議員。

評価が9割アップする第一印象のルール

2009年11月1日　　第1刷発行

著　者　和 真音
発行者　鈴木 健太郎
発行所　株式会社ビジネス社
〒105-0014 東京都港区芝3-4-11（芝シティビル）
電話 03(5444)4761（代表）
http://www.business-sha.co.jp

カバーデザイン／熊澤正人＋林 陽子（Power House）
本文デザイン／エムアンドケイ
編集協力／林彩子（船井ビジョンクリエイツ）　宮嶋尚美
イラスト／鈴木清美（P119〜133）　森 海里（P139〜141）
カバー印刷／近代美術株式会社　本文印刷・製本／株式会社廣済堂
〈編集担当〉野本千尋　〈営業担当〉山口健志

ISBN978-4-8284-1537-6

クール

ウォーム

ダーク

ブライト

ソフト

ビビッド